INTEGRACIÓN EN EL PAISAJE DE LAS

INFRAESTRUCTURAS LINEALES SUBTERRÁNEAS EN NAVARRA

GUÍA DE INTEGRACIÓN PAISAJÍSTICA 07

Gobierno de Navarra — Nafarroako Gobernua

Título: INTEGRACIÓN EN EL PAISAJE DE LAS INFRAESTRUCTURAS LINEALES SUBTERRÁNEAS EN NAVARRA

Autor: José Luis Remón Aldabe

© Gobierno de Navarra / Nafarroako Gobernua
Departamento de Cohesión Territorial
1ª edición (2024)

Dirección: Dirección General de Ordenación del Territorio

Coordinación: Ainhoa Irizar Lizarazu (Servicio de Territorio y Paisaje)

Agradecimientos: Carmen Ursúa Sesma

Fotografías: José Luis Remón Aldabe, excepto cuando en la fotografía se indica distinta autoria

Diseño gráfico: Javier Arbilla
Ortofotografía: Sistema de Información Territorial de Navarra (SITNA)

Impresión: Navaprint Gráficas S.L.
ISBN: 978-84-235-3715-0
D.L.: NA 2036-2024

Promoción y distribución: Fondo de Publicaciones del Gobierno de Navarra
C/ Navas de Tolosa, 21
31001 PAMPLONA
Tel.: 848 427 121
fondo.publicaciones@navarra.es
https://publicaciones.navarra.es

ÍNDICE

Presentación   7

1. Objetivos y estructura del contenido   9
    Tipos de paisaje   10

2. Marco normativo y estudio del paisaje   13

3. Características de los proyectos   16
    - Tipos de infraestructuras lineales subterráneas   16
    - Zanjas y anchuras de ocupación   19
    - Accesos, depósitos y actuaciones temporales   25

4. Medidas de integración en el paisaje   27
    - Análisis del paisaje   27
    - Medidas de integración paisajística   30
    Buenas prácticas   48
     - Mínima área de ocupación   48
     - Zanja compartida   51

5. Criterios para la integración en el paisaje   55

Bibliografía   104

PRESENTACIÓN

Las guías de integración paisajística son una de las líneas de trabajo que responden al compromiso de la aplicación del Convenio Europeo del Paisaje en Navarra. Por su carácter técnico-divulgativo contribuyen de forma directa a los objetivos de formación y de sensibilización, y alcanzan un conjunto amplio de la población.

Esta séptima guía se centra en los proyectos de infraestructuras lineales subterráneas ya que su desarrollo cada vez más extendido, exige una atención especial en cuanto a su integración paisajística.

La evolución de las técnicas constructivas, el desarrollo de soluciones de bioingeniería y un mejor conocimiento del territorio, así como la creciente valoración de la población sobre el paisaje hace posible una mejor integración paisajística de las conducciones soterradas. Esta guía trata de servir de orientación para facilitar la realización de las citadas actuaciones de acuerdo con las características y peculiaridades de las diferentes unidades de paisaje; y comprende recomendaciones para ser consideradas tanto en la fase de planificación y diseño, como de autorización y ejecución de obras y seguimiento posterior. Su contenido analiza diversos tipos de obras de conducción subterránea, valorando las soluciones realizadas tanto en cuanto al trazado como a las medidas de restauración paisajística posterior y propone criterios replicables en nuevos proyectos o en la restauración de problemas paisajísticos generados por los proyectos en funcionamiento.

Para ilustrar el contenido se han tomado como ejemplos proyectos y ejecuciones de obras reales distribuidos por diferentes áreas de Navarra: Aria (Villanueva de Aezkoa-Aria), Ultzama, Odieta, Anué y Lantz; Riezu; Olite y Caparroso y Arakil. Los textos se acompañan de imágenes de las operaciones en el emplazamiento concreto, lo que resulta didáctico para comprender tanto los planteamientos como las acciones (obras) concretas, y el resultado de las mismas.

La guía se completa con una serie de fichas sintéticas donde se recoge información sobre las características y la valoración del paisaje concreto, los impactos ocasionados por las infraestructuras lineales subterráneas, y las medidas para atenuarlos.

Esta guía se dirige en particular a aquellas personas que intervienen, bien en la fase de proyecto (planificación, evaluación) o bien en la autorización y posterior ejecución de las obras de las infraestructuras lineales subterráneas, y en general a aquellas que quieran conocer o profundizar en la integración paisajística de las infraestructuras.

ÓSCAR CHIVITE CORNAGO
Consejero del Departamento de Cohesión Territorial,
Gobierno de Navarra

OBJETIVOS Y ESTRUCTURA DEL CONTENIDO

1

Foto: Bakartxo Aniz

La construcción de infraestructuras lineales subterráneas como redes de abastecimiento de agua, redes de fecales, tendidos eléctricos, gasoductos, etc. a su paso por el medio natural más o menos intervenido (cultivos, praderas, pastos, matorrales, orlas arbustivas y bosques) y urbanísticamente incluidos dentro del suelo no urbanizable, tiene una incidencia paisajística que se intenta atenuar con la aplicación de medidas preventivas y correctoras.

Estas actuaciones provocan un efecto directo sobre el paisaje que viene determinado por las características de los diferentes tipos de obras y su repercusión sobre los usos y aprovechamientos del suelo. La afección se produce tanto durante la fase de ejecución de los proyectos como en su posterior fase de explotación o de funcionamiento.

La huella que dichas infraestructuras dejan sobre el paisaje natural es muy diversa y depende principalmente de algunas variables de las áreas que son atravesadas por su ejecución como, por ejemplo, litología, pedregosidad/rocosidad del suelo, pendiente, tipo de uso del suelo (cultivos, praderas), vegetación y hábitat (pastos naturales, matorrales, bosques, ríos).

Por otra parte, la incidencia sobre el medio natural y seminatural es percibida por la población de diferentes maneras en función de la visibilidad desde el medio urbano, carreteras, caminos y de los usos recreativos y turísticos (paseantes, senderistas, ciclistas, montañeros, etc.) que se puedan realizar en el entorno de las zonas alteradas por las infraestructuras lineales.

El objetivo de esta guía es establecer una serie de criterios y medidas para que en la redacción de los proyectos de infraestructuras lineales subterráneas y en su ejecución sea posible minimizar la pérdida de calidad paisajística y contribuir a conservar y mejorar los diversos tipos de paisajes o de los elementos que lo constituyen.

Foto: J. Arbilla

Foto: J. Arbilla

Foto: Bakartxo Aniz

Foto: Bakartxo Aniz

La guía se estructura en tres bloques:

En el **primer bloque** se incluye un resumen de la normativa referente al paisaje y de los documentos que facilitan el conocimiento de los distintos ámbitos paisajísticos reconocidos en Navarra, así como la identificación de los objetivos de calidad paisajística en cada unidad de paisaje identificada.

El **segundo bloque** presenta las características y requerimientos de los proyectos de infraestructuras lineales subterráneas. Es imprescindible un conocimiento previo detallado de cada proyecto para poder analizar, valorar y diseñar soluciones que respeten las características del paisaje de las áreas atravesadas, que además según los kilómetros del proyecto pueden ser muy diversas.

El **tercer bloque** se dedica a las medidas de integración en el paisaje y aporta imágenes sobre proyectos ya ejecutados en Navarra y el resultado y valoración de las soluciones aplicadas de acuerdo al entorno paisajístico en el que se desarrollan. Se incluyen también un conjunto de fichas correspondientes a 11 ejemplos de paisaje en las que se indican las particularidades a tener en cuenta en cada caso.

Se han tomado como referencia los siguientes proyectos realizados entre los años 2009 y 2021, para analizar su incidencia paisajística:

Proyecto Aria
Abastecimiento de agua en alta a Aria. Solución Iturriotz de Villanueva de Aezkoa-Aria (proyecto de 2008, ejecutado en 2009).

Proyecto Ultzama
Solución conjunta de abastecimiento de agua en alta a los ayuntamientos de Ultzama, Odieta, Anué y Lantz (proyecto de 2010, ejecutado en 2014).

Proyecto Riezu
1ª Fase, Renovación parcial de la conducción de agua en Yerri y Guesalaz (proyecto de 2011, ejecutado en 2014).

Proyecto Riezu
2ª Fase, Renovación parcial de la conducción de general de agua Riezu-Cirauqui (proyecto de 2017, ejecutado en 2018).

Proyecto Olite y Caparroso
Conducción general de abastecimiento de agua en alta desde la Pedrera 2ª fase (proyecto de 2017, ejecutado en 2018-2019).

Proyecto Arakil
Emisario de aguas residuales y línea de alta tensión (Harivenasa, proyecto de 2019, ejecutado en 2021).

MARCO NORMATIVO Y ESTUDIO DEL PAISAJE

En la actualidad la protección, gestión y ordenación del paisaje se inscribe en el marco establecido por el Convenio Europeo del Paisaje, firmado por los Estados miembros de la Unión en octubre de 2000. Dicho convenio fue ratificado por España en noviembre de 2007 y entró en vigor en marzo de 2008. Constituye un compromiso político por parte de las distintas administraciones nacional, autonómicas y locales, en orden a la protección, gestión y ordenación del paisaje, entendido, simultáneamente, como recurso económico, factor de calidad de vida y elemento de identidad, así como un instrumento para la ordenación del territorio.

Para llevar a cabo la aplicación del Convenio Europeo del Paisaje en Navarra se están desarrollando un conjunto de líneas de trabajo que se presentan en el portal de paisaje https://paisaje.navarra.es/ y que respetan los principios del Convenio de:

- Establecer procedimientos para la participación de la población, las autoridades locales y regionales y otras partes interesadas en la formulación y aplicación de las políticas en materia de paisaje.

- Integrar el paisaje en las políticas de ordenación territorial y urbanística y las políticas en materia cultural, medioambiental, agrícola, social y económica, así como en cualesquiera otras políticas que puedan tener un impacto directo o indirecto sobre el paisaje.

El análisis técnico del paisaje navarro, llevado a cabo con la necesaria aportación de la visión social del paisaje, se incluye en los Documentos de Paisaje https://paisaje.navarra.es/pages/documentos-paisaje. Son estudios de carácter descriptivo y prospectivo que generan conocimiento genérico en materia de paisaje para el conjunto del territorio. Integran y desarrollan las bases conceptuales y metodológicas establecidas en los Planes de Ordenación Territorial de Navarra (POT) en materia de paisaje en 2011. En el anexo dedicado al Patrimonio Natural, Paisaje (PN9) se establecieron las pautas necesarias para la elaboración de estudios específicos sobre la incidencia en el paisaje de los nuevos desarrollos urbanos, infraestructuras y otras actividades con incidencia territorial significativa, así como los criterios generales de integración paisajística que deberán tenerse en cuenta para la elaboración de planes y proyectos.

Foto: Bakartxo Aniz

Los Documentos de Paisaje analizan, identifican, caracterizan y cualifican los paisajes de cada uno de los cinco POT y hacen una propuesta de planificación y actuación. La propuesta va acompañada, a su vez, de fórmulas que pretenden facilitar la implementación de las medidas planteadas en las diferentes escalas (local, comarcal y regional), mediante determinaciones aplicables a los instrumentos de intervención en el paisaje.

En el proceso de identificación, caracterización y cualificación se delimitan las unidades de gestión paisajística: Elementos del paisaje con sus respectivos componentes, Tipos y Unidades de paisaje y Paisajes de atención especial.

En las fichas de cada una de las Unidades de paisaje identificadas se desarrolla la información relativa a su dinámica y carácter y se determinan los Objetivos de calidad paisajística y las acciones propuestas para alcanzar dichos objetivos.

Los aspectos citados deberán tenerse en consideración en el proceso de elección de alternativas de trazado y en el diseño y construcción de los proyectos de infraestructuras lineales subterráneas, atendiendo a las particularidades de las unidades de paisaje y los objetivos de calidad paisajística identificados en cada caso.

En cuanto al marco normativo relativo a urbanismo y ordenación del territorio en Navarra, la necesidad de adoptar la variable paisajística conforme al Convenio Europeo del Paisaje se establece en el Decreto Foral Legislativo 1/2017, de 26 de julio, por el que se aprueba el Texto Refundido de la Ley Foral de Ordenación del Territorio y Urbanismo.

En el caso de los proyectos de infraestructuras lineales subterráneas que deban contar con autorización en suelo no urbanizable, es de aplicación el artículo 119 de citado Decreto Foral Legislativo 1/2017, de 26 de julio. Este artículo determina que la documentación técnica de las solicitudes de autorización en suelo no urbanizable debe incluir un análisis y medidas correctoras de la integración paisajística de la actuación.

Asimismo, la Ley 21/2013, de 9 de diciembre, de Evaluación Ambiental, establece que el Convenio Europeo del Paisaje ha de aplicarse tanto en la evaluación de impacto ambiental como en la evaluación ambiental estratégica. En concreto para los proyectos sometidos a evaluación de impacto ambiental, se indica en el artículo 35, apartado 1, letra C, la necesidad de incluir el estudio del paisaje en los términos del Convenio, en el contenido del estudio de impacto ambiental de acuerdo con lo establecido en el Anexo VI, apartado 3 b, referente al inventario ambiental.

Los proyectos de infraestructuras lineales subterráneas que por sus dimensiones y características no se encuentran sometidos al procedimiento de evaluación de impacto ambiental, en Navarra se tramitan a efectos ambientales de acuerdo con lo previsto en el Decreto Foral 26/2022, de 30 de marzo, por el que se aprueba el Reglamento de desarrollo de la Ley Foral 17/2020, de 16 de diciembre, reguladora de las actividades con incidencia ambiental. La consideración de los valores del paisaje se tiene en cuenta en el Artículo 43 en el que se regula el contenido de la documentación a presentar junto a la solicitud de la evaluación de afecciones ambientales.

Ambos procedimientos, urbanístico y ambiental, se llevan a cabo simultáneamente en muchas ocasiones. En cualquier caso, el grado de integración paisajística de un plan o proyecto en el territorio resulta más o menos adecuado:

- En primer lugar, en función de la consideración del paisaje sobre el que se emplaza durante todas las fases del proceso: planificación y diseño, proceso de ejecución de obras y, finalmente, en su mantenimiento y explotación.

- En segundo lugar, el grado de integración paisajística de un proyecto depende también de los materiales, procesos y tecnologías seleccionadas.

3
CARACTERÍSTICAS DE LOS PROYECTOS

Tipos de infraestructuras lineales subterráneas

Las infraestructuras lineales subterráneas son, como su nombre indica, una serie de materiales (tuberías o cables) que se instalan en zanjas y que tienen su inicio en un punto de conexión y su finalización en un punto concreto para dar un servicio determinado. Los diferentes servicios son los siguientes principalmente: redes de abastecimiento de agua, redes de fecales, tendidos eléctricos, gasoductos y fibra óptica.

Las nuevas redes de abastecimiento de agua subterráneas tienen por objeto mejorar la red existente o dotar de agua a una determinada zona que puede ser un núcleo urbano, una nueva urbanización, una infraestructura agropecuaria (nave agrícola o ganadera, granja), un polígono industrial o cualquier otro tipo de instalación que necesite agua (fábrica, gasolinera, hotel, etc.).

El punto de inicio de una tubería de abastecimiento puede ser un depósito, una toma de agua o una tapa de registro en otro punto concreto de la cual va a salir una nueva conexión a un punto determinado. Las dimensiones de la tubería dependerán de las necesidades de agua que se estimen adecuadas. Estos tubos pueden ser rígidos o flexibles y sus dimensiones suelen oscilar entre 80 mm y 400 mm de diámetro. Es habitual utilizar tuberías de 150, 200 y 400 mm de diámetro y cuando hay derivaciones o acometidas en baja la tubería generalmente es de 90 ó 110 mm de diámetro. Las dimensiones de la zanja para instalar una tubería subterránea varían entre 1-6 metros de profundidad y la anchura de la misma entre 3-6 metros.

Las redes de fecales subterráneas tienen por objeto mejorar este tipo de servicio o dotarlo en una nueva zona como puede ser, al igual que en las redes de abastecimiento, un núcleo urbano, una nueva urbanización, una infraestructura agropecuaria, un polígono industrial o cualquier otro tipo de instalación que genere aguas fecales. También es importante señalar que en pequeños núcleos urbanos o construcciones aisladas, las nuevas redes de fecales pueden sustituir a fosas sépticas.

Un aspecto muy importante y, lógicamente, evidente es que el enterramiento de este tipo de infraestructuras evita los malos olores propios de la materia orgánica humana. El punto de inicio de una tubería de fecales o cualquier instalación, aislada o no, que lo necesite. El punto final de una nueva red de fecales será una depuradora o una fosa séptica, este último caso cuando el número de usuarios sea bajo (<300 personas). Las dimensiones de la tubería dependerán del tamaño poblacional al que vaya dirigida la nueva tubería. Estos tubos pueden ser rígidos o flexibles y sus dimensiones pueden oscilar entre 150 mm y 300 mm de diámetro.

Los tendidos eléctricos subterráneos tienen por objeto, hoy en día, dotar de conexión eléctrica a nuevas infraestructuras como parques eólicos y fotovoltaicos, así como a nuevas áreas de desarrollo (parques tecnológicos, industrias, polígonos industriales, áreas de servicio, áreas residenciales, etc.).

La instalación de tendidos eléctricos subterráneos puede ser más cara que la de los tendidos aéreos, pero cada vez está más extendida por razones de impacto ambiental sobre la avifauna, especialmente sobre las aves rapaces, así como de acumulación de líneas aéreas y su incidencia en el paisaje y en los usos del suelo.

El punto de servicio de un tendido eléctrico es cualquier nueva infraestructura o dotación de la cual parten unas conexiones eléctricas que acometen a una pequeña subestación o centro de transformación y de ahí a una subestación eléctrica de mayores dimensiones.

En la construcción de parques eólicos, las conexiones eléctricas de los aerogeneradores van por zanjas subterráneas hasta una nueva subestación de pequeñas dimensiones propia del parque eólico y de ahí a una estación eléctrica de grandes dimensiones. Esta última conexión puede ser aérea o subterránea o mixta por tramos, pero cada vez es más frecuente que por razones ambientales y paisajísticas lo sea subterránea. Como ejemplo, cabe citar que diversos proyectos de nuevos parques eólicos tienen previsto que desde su propia subestación, a la cual llega la energía por cables subterráneos procedente de los aerogeneradores, el tendido eléctrico que salga vaya en subterráneo a estaciones eléctricas de grandes dimensiones como las existentes, por ejemplo, en Orcoyen, Muruarte de Reta o La Serna (Tudela).

En la construcción de los parques fotovoltaicos, el criterio es similar al de los eólicos. La energía eléctrica generada por las placas solares del parque fotovoltaico va en subterráneo a una subestación propia del parque y, de ahí, en aéreo o subterráneo o mixta, a una estación eléctrica. Las dimensiones de la zanja para instalar un tendido subterráneo varían entre 1-2 metros de profundidad y la anchura de la misma entre 3-5 metros.

Los gasoductos tienen por objeto suministrar gas natural a diversas infraestructuras e instalaciones, así como a los núcleos urbanos. Los diferentes ramales de un gasoducto suelen ser subterráneos y atraviesan diferentes tipos de paisajes, siendo habituales los campos de cultivo y zonas de praderas y, en menor medida, pastos.

El punto de inicio de una tubería de gas es un punto de compresión y a partir del mismo sale la tubería que puede hacerlo en varios ramales. Las dimensiones de la tubería dependerán de las necesidades del suministro de gas pero, en términos generales, no exceden de los 300 mm de diámetro.Las dimensiones de la zanja para instalar una tubería subterránea varían entre 1-3 metros de profundidad y la anchura de la misma entre 3-6 metros.

La longitud de las redes de gas subterráneas es muy variable, desde unos pocos metros hasta decenas de kilómetros. En el caso de las conexiones principales, la longitud del gasoducto puede ser mucho mayor. Por ejemplo, la estación de compresión de gas natural de Lumbier se construyó en el año 2009 y está ubicada en el gasoducto Lacq-Calahorra. Esta estación de Lumbier aumenta la capacidad de interconexión con Francia por Larrau e incrementa la presión en el punto de conexión del citado gasoducto con el eje del Ebro, elevando de manera notable la capacidad de transporte de este.

La fibra óptica es un sistema de telecomunicación que se instala de manera subterránea para dar este servicio de interconexión en ciudades, polígonos industriales y a núcleos urbanos de pequeñas dimensiones, así como para comunicarlos entre sí. La longitud de estas infraestructuras es muy variable pero puede llegar a alcanzar los 50 km como en el caso del Valle del Roncal.

También hay que considerar que hay proyectos que requieren, por ejemplo, una tubería de abastecimiento y otra de fecales, o una tubería y un tendido eléctrico. En estas ocasiones es frecuente abrir una única zanja para construir ambas infraestructuras subterráneas.

Los aspectos técnicos de los proyectos de infraestructuras lineales subterráneas que más inciden en el paisaje son, lógicamente, los relacionados con los movimientos de tierras para construir las zanjas. Esto implica necesariamente la eliminación de la vegetación existente y la retirada de las tierras hasta una determinada profundidad, lo que da lugar a una huella en el paisaje más o menos permanente. Estas zanjas pueden tener diferentes características y para construirlas se necesita un espacio físico de terreno que se denomina anchura de ocupación. Este espacio viene, a su vez, determinado por las características del proyecto y por la maquinaria a utilizar.

Por otra parte, las afecciones que se produzcan sobre el paisaje serán mayores o menores en función del tipo de vegetación y la topografía. Además, según el área biogeográfica en la que se desarrollará el proyecto las posibilidades de restauración del espacio afectado cambian.

Foto: J. Arbilla

Foto: Bakartxo Aniz

Sección terreno

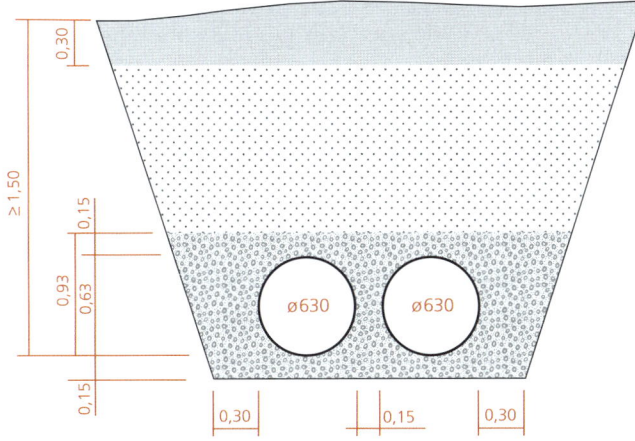

Extendido Tierra Vegetal (0,30 m) procedente de la excavación
previamente acopiada, ripada y cribada para adecuación a laboreo

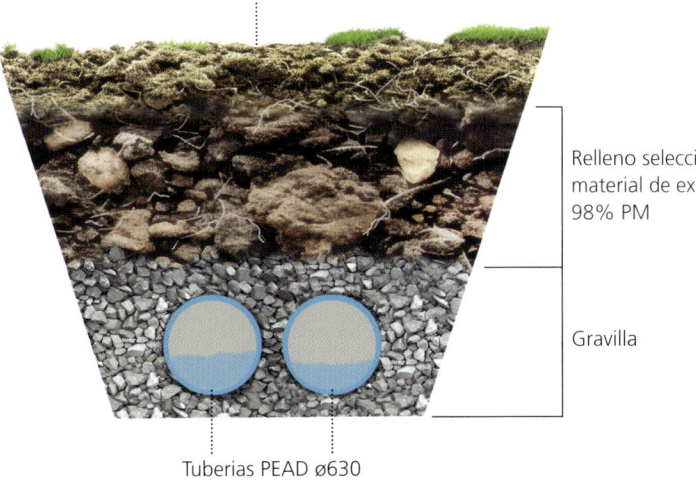

Relleno seleccionado
material de excavación
98% PM

Gravilla

Tuberias PEAD ø630

Zanjas y anchura de ocupación

En primer lugar, hay que tener en cuenta los condicionantes técnicos del proyecto. El trazado de las tuberías seguirá normalmente alineaciones rectas. El diámetro de los tubos como ya se ha descrito en el apartado es muy variable pudiendo llegar hasta 500 mm. Cuando, por razones extraordinarias, sea necesaria la instalación de algún codo, éste será normalizado de 45°, 22,5° o 11,25°, intentando evitar en la medida de lo posible la instalación de codos de 90°. En los puntos altos se situarán ventosas y en los puntos bajos desagües, que se pueden conectar con cauces naturales.

Los taludes de las zanjas suelen ser 1H:3V para la excavación en tierras y verticales cuando la excavación se realiza en roca. La cama de apoyo de la tubería será de gravilla y tendrá un espesor de 10-15 cm. bajo la generatriz inferior de la tubería y otro tanto por encima de la clave del tubo. El relleno será seleccionado preferentemente con material procedente de la excavación o, si es necesario, aportado de préstamos. En la capa de relleno, a una altura de 40 cm. respecto a la clave de la tubería, se colocará una cinta de señalización.

Las dos terminaciones superficiales de las zanjas mas frecuentes son: extendido de unos 30-40 centímetros de tierra vegetal obtenida de la excavación para recuperar la topografía inicial o cuando la zanja aprovecha un camino existente, restauración con la zahorra necesaria para el afirmado del camino. Mención aparte merecen las zanjas que se realizan cuando las conducciones atraviesan ríos o barrancos como veremos en detalle en el apartado de medidas precautorias y correctoras.

La anchura de las zanjas es variable dependiendo del diámetro de la tubería a introducir. Esta variación oscila entre (0,5)-1-3 metros de anchura en la parte superior y una profundidad de 1-3 m. La anchura de la zanja en su base oscila generalmente entre 0,5-1,5 metros. Cuando la tubería es de un diámetro de 400 mm la base de la zanja tiene generalmente 0,8-1 metros de anchura.

Sección tipo bajo carretera

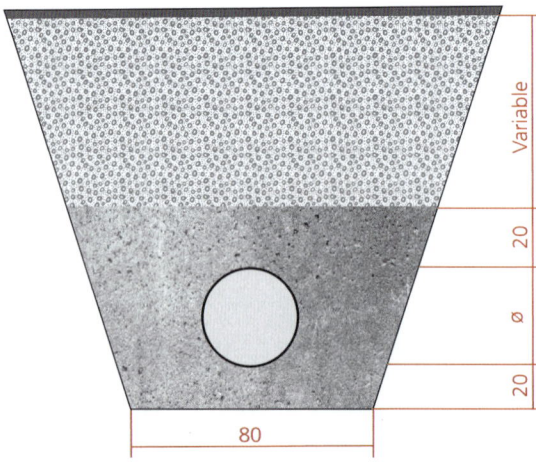

Variable

20

Ø

20

80

Grava

Hormigón

Teniendo en cuenta los condicionantes comentados en los párrafos anteriores hay que valorar las afecciones de la necesaria zona de ocupación. Además de incluir la zona de la tubería dentro de la zanja, durante la fase de obras habrá que depositar las tierras excavadas, posibilitar el acceso y el trabajo de la maquinaria y acopiar los tubos y otros materiales necesarios para la obra.

Área de ocupación para iniciar las obras de la conducción de abastecimiento de Villanueva de Aezkoa a Aria.

La maquinaria a utilizar en las obras de infraestructuras lineales subterráneas es, entre otros, la siguiente:

- Excavadoras
- Retroexcavadoras
- Motoniveladora
- Cisterna de agua
- Camiones volquetes
- Tractores
- Dumper (pequeña máquina para transportar material)

Por otra parte, hay que tener en cuenta que la máquina de cadenas que abre la zanja tiene 3-4 metros de anchura. Normalmente se desplaza a un lado de la zanja pero en lugares con limitaciones importantes trabaja situándose encima de la zanja, de manera que una de las cadenas quede a un lado de la zanja y otra, al otro lado.

Construcción zanja en espacio natural protegido, minimizando la anchura de ocupación en el robledal de roble pubescente.

Por tanto, la anchura de ocupación de los proyectos varía entre (10)-12-20 metros. Cuando la zanja transcurre sobre campos de cultivo, generalmente de propiedad particular, la persona o entidad que promueve del proyecto, en la mayoría de los casos la propia administración, indemniza al agricultor por la pérdida de superficie agrícola de forma temporal mientras se ejecuta la obra. Posteriormente se realiza una restauración de tierras y la temporada siguiente puede seguir utilizándose el campo de cultivo como se había hecho anteriormente.

Tubería en la zanja junto a la carretera de Olite a Caparroso.

Los trazados de las infraestructuras lineales subterráneas se planifican de modo que preferentemente discurran adyacentes/colindantes a carreteras, caminos, elementos lineales, así como por propiedades comunales y/o públicas. Estos trazados acompañando a otras infraestructuras reducen el impacto en paisajes de mayor calidad y singularidad ocupando zonas ya previamente alteradas.

Cuanto más ancha y profunda es la zanja, más tierra se extrae y, por tanto, mayor es la anchura de ocupación. Además, si se separa la tierra de mayor calidad (tierra vegetal o suelo orgánico, 30-40 cm) del resto de tierras, se necesitará mayor anchura para depositarlas de manera separada. La longitud de las zanjas es, evidentemente variable, y dependerá de la magnitud del proyecto. Puede oscilar entre unos pocos metros y varios kilómetros.

Mención aparte debe hacerse sobre el cruce de río y regatas con infraestructuras lineales subterráneas. Estos cruces conllevan importante dificultad técnica que repercute en el riesgo de generar un impacto significativo en el paisaje y en la ecología fluvial.

La sección tipo de una zanja bajo río es parecida a las ya comentadas bajo diferentes usos del suelo, pero las características de la roca de los fondos fluviales condicionan la forma de llevar a cabo las obras.

Los cruces de ríos y regatas se efectúan introduciendo la tubería en otra, de doble diámetro, que a su vez irá embebida en hormigón HM-20 con recubrimientos mínimos de 20 cm. (incluyendo el espesor del tubo). Además, estos cruces pueden llevarse a cabo realizando una zanja a cielo abierto o mediante perforación dirigida bajo el cauce, sistema de hinca, que genera menores afecciones ambientales en el ecosistema fluvial.

Sección tipo bajo río

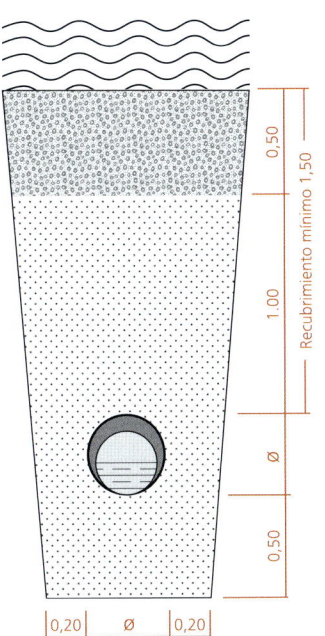

Grava

Hormigón

Instalación de la tubería en la zanja a cielo abierto para cruzar el río Irati.

Además es necesaria la estabilización de las orillas de los ríos y barrancos que en muchos casos exigen obras de contención con un impacto paisajístico notable.

La anchura de la zona de ocupación varía entre (10)-12-20 metros cuando la zanja se realiza a cielo abierto.

Finalmente, el área afectada en la zona de ocupación se limpia de restos de obra, se extiende la tierra vegetal reservada y según el tipo de terreno se realizan siembras y plantaciones.

Sección tipo bajo barranco

Escollera

Balasto

Escollera

Hormigón

Tapado de zanja una vez instalada la tubería.

Accesos, depósitos y actuaciones temporales

Además del área que será ocupada permanentemente por la conducción y del espacio adyacente que corresponde a la zona de ocupación con uso temporal, la fase de ejecución de estos proyectos exige algunas actuaciones que pueden tener mayor o menor incidencia en el paisaje y requieren un análisis detallado.

Especial importancia tienen los caminos de acceso. Como ya hemos comentado, algunas de las infraestructuras lineales que se construyen de forma subterránea, están formadas por tubos con mayor o menor rigidez que precisan trazados rectilíneos. Esto implica que en muchos casos no existen caminos para acceder con la maquinaria y los materiales de construcción, así como con los tubos a los puntos donde ha de realizarse las obras.

Además se requiere lugares con topografía suficientemente llana donde depositar de forma temporal los materiales y la maquinaria.

Un ejemplo es también el acceso a los depósitos de agua que forman parte de los proyectos de abastecimiento.

Construcción del depósito de Suarbe (al fondo) y camino de acceso al mismo.

El depósito de Suarbe dentro del Proyecto de abastecimiento Ultzama, Odieta, Anué y Lantz.

Trazado de la conducción por el hayedo (Suarbe-Auza) hasta el depósito.

MEDIADAS PARA LA INTEGRACIÓN EN EL PAISAJE

Foto: J. Arbilla

Análisis del paisaje

El primer paso para poder lograr una adecuada integración del proyecto en el paisaje es conocer el carácter y la calidad paisajística del ámbito en el que ha de desarrollarse la actuación. Los Documentos de Paisaje elaborados para cada uno de los cinco Planes de Ordenación Territorial de Navarra y disponibles en el portal de paisaje https://paisaje.navarra.es/, proporcionan la información y el conocimiento necesario sobre las Unidades de Paisaje que se atravesarán con la infraestructura lineal, sus rasgos y el carácter, los elementos singulares del paisaje que se habrán de preservar y los objetivos de calidad paisajística establecidos una vez analizadas las dinámicas del paisaje, así como otros aspectos de interés de cara a la restauración del paisaje alterado por las obras.

En el ejemplo siguiente se muestra la identificación de unidades paisaje realizada para el ámbito del Plan de Ordenación Territorial del Eje del Ebro y para las Bardenas Reales y en la tabla incluida a continuación se recogen los tipos de paisaje a los que corresponden las unidades reconocidas.

Con la metodología adecuada a cada caso y dada la longitud de muchos proyectos de infraestructuras lineales, es conveniente realizar la cartografía de tipos de paisaje en el área del proyecto analizando un entorno amplio, ya que en muchos casos lo único previamente establecido es el punto de inicio y el final del proyecto.

Esta cartografía se tendrá en cuenta en la realización de los estudios de alternativas que se lleven a cabo antes de iniciar la redacción del proyecto. Ayuda a valorar adecuadamente los impactos paisajísticos que ocasione cada alternativa incluyendo tanto la zanja y la zona de ocupación como los accesos necesarios para la realización de las obras. Esta valoración además deberá realizarse referido al paisaje extrínseco (impacto visual de la obra desde fuera de la misma) y del paisaje intrínseco (impacto visual de la obra en el entorno inmediato de la obra).

Los paisajes atravesados por este tipo de proyectos a la escala de detalle se pueden incluir en los siguientes grupos: periurbanos, agrícolas, agroganaderos, pastos mediterráneos, pastos de montaña, matorrales mediterráneos, matorrales de montaña, orlas arbustivas, ríos y vegetación de ribera, plantaciones forestales artificiales y bosques naturales.

Además se tendrán en cuenta los elementos paisajísticos puntuales que pueden estar presentes en cualquiera de los paisajes y que pueden ser afectados directa o indirectamente por las infraestructuras lineales subterráneas como: árboles catalogados, árboles dispersos, árboles singulares, setos, ribazos (ezpuendas), huertas, muros, cercados, cierres, roquedos, pedregales, canales, barrancos, puentes, construcciones singulares, sendas naturales, caminos tradicionales, vías pecuarias, abrevaderos, fuentes y tomas de agua, patrimonio cultural y arqueológico.

Foto: J. Arbilla

Mapa de Unidades de paisaje Eje del Ebro (POT5) y Bardenas Reales

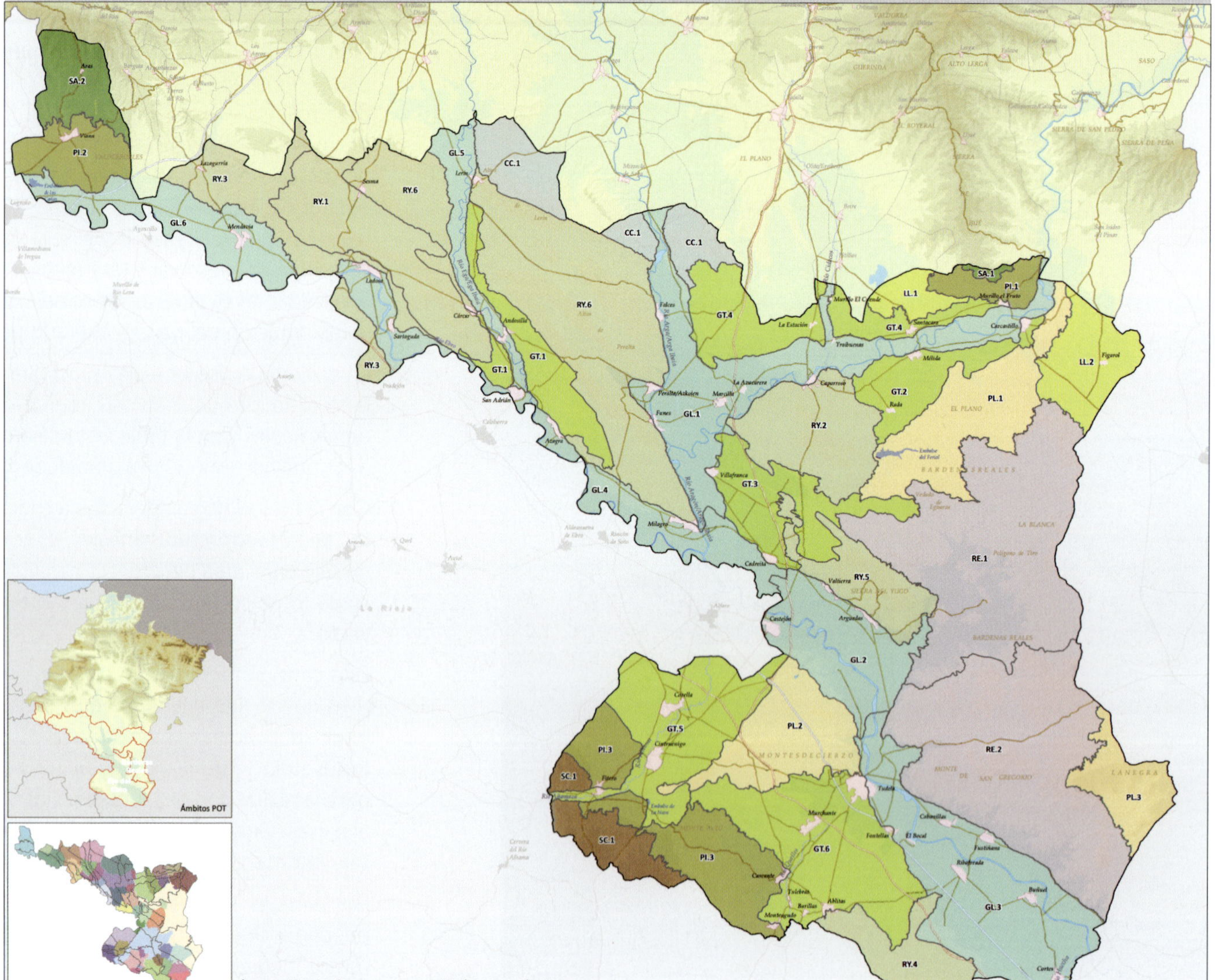

Ámbitos POT

TTMM https://paisaje.navarra.es/Gobierno de Navarra

TIPOS DE PAISAJE	UNIDAD DE PAISAJE
GRANDES LLANURAS ALUVIALES	**GL.1** Ribera del Aragón y del Arga **GL.2** Ribera del Ebro en Cadreita, Valtierra y Arguedas **GL.3** Ribera del Ebro en Tudela **GL.4** Ribera del Ebro entre Lodosa y Castejón **GL.5** Valle del Ega **GL.6** Vegas y terrazas vitinínicolas en la Ribera Alta del Ebro
GRANDES TERRAZAS Y GLACIS	**GT.1** Campiña vitivinícola de Andosilla, San Adrián, y Azagra **GT.2** Regadíos de Rada, Mélida y Carcastillo **GT.3** Regadíos de Villafranca, Cadreita y Landazuría **GT.4** Terrazas entre el Arga y el Aragón **GT.5** Valle del Alhama **GT.6** Valle del Queiles
LLANOS CON CERROS DE ARENISCAS	**IL.1** Depresión de la Laguna de Pitillas **IL.2** Regadíos de Figarol
PLANAS	**PL.1** El Plano, El Saso y Larrate **PL.2** Montes del Cierzo **PL.3** Plana de La Negra
RELIEVES CON YESOS	**RY.1** Depresión de Sesma y Nava de Carcar **RY.2** Las Masadas y Valle de Los Portillos **RY.3** Montes, escarpes y barrancos entre Lazagurria y Sartaguda **RY.4** Peñadil, el Montecillo y Monterrey **RY.5** Sierra del Yugo **RY.6** Yesos entre el Ega y el Arga
CUESTAS CALCÁREAS	**CC.1** Peña Jenariz, Altos de San Marcos y Moncayuelo
RELIEVES DE EROSIÓN Y RESIDUALES (BADLANDS)	**RE.1** La Bardena Blanca **RE.2** La Bardena Negra
PIEDEMONTES	**PI.1** Campiña agroforestal de la Sierra de Ujué **PI.2** Campiña agroforestal de Viana **PI.3** Campiña vitivinícola de Monte Alto
SIERRA DE ARENISCAS	**SA.1** La Sonsierra Navarra **SA.2** Sierra de Ujué
SIERRAS DE CONGLOMERADOS	**SC.1** Roscas de Fitero y Monte Alto

Foto: J. Arbilla

Medidas de integración paisajística

Una vez definido el trazado, seleccionado entre las alternativas estudiadas atendiendo, entre otros factores a las cualidades del paisaje, en el desarrollo y construcción del proyecto se aplicarán las siguientes medidas en relación con su integración en el paisaje.

Medidas preventivas

Su objetivo es prevenir los impactos paisajísticos. Una medida preventiva eficaz es limitar la anchura de ocupación de las zanjas en aquellas zonas donde los impactos paisajísticos sean mayores por el valor del paisaje concreto o por la permanencia del impacto sobre el paisaje. Es importante un correcto diseño en el trazado de la conducción, tratando de aprovechar al máximo caminos o el límite exterior de carreteras.

Medidas correctoras

Su objetivo es corregir los impactos paisajísticos. Este tipo de medidas como, por ejemplo, la realización de plantaciones arbóreas, arbustivas o de matorral, o la siembra o hidrosiembra con semillas de especies herbáceas o de matorral son eficaces a corto, medio y largo plazo para atenuar los impactos sobre los diversos tipos de paisaje. Se llevan a cabo siempre respetando las condiciones de la anchura de servidumbre.

Medidas compensatorias

Su objetivo es compensar los impactos paisajísticos que no puedan ser corregidos total o parcialmente. En este tipo de medidas se incluyen actuaciones que se pueden realizar en zonas próximas al área del proyecto como, por ejemplo, la restauración de paisajes singulares vinculados al agua (pequeñas balsas, charcas) o plantaciones con el objeto de restaurar un paisaje contiguo o próximo al del proyecto.

En consecuencia, la propuesta (técnica, presupuestaria y la programación en el tiempo) de las medidas para la integración paisajística de la actuación en el entorno se ha de incorporar en el plan o proyecto, distinguiendo estos tres niveles.

Medida preventiva, ejemplo de anchura de ocupación de zanja junto a la carretera de Olite a Caparroso.

Medida correctora, plantación arbórea.

Medidas preventivas

1 Realización de estudios de alternativas. Selección del trazado.

El análisis de las alternativas técnicamente viables que cumplan el objetivo del proyecto permite elegir la solución que mejor se adapta al paisaje del área atravesada. No obstante, en muchos casos son muy pocas las posibilidades de realizar trazados alternativos dados los condicionantes técnicos y se requiere atravesar áreas de alto valor natural y paisajístico que exigen la aplicación de importantes medidas correctoras.

La elección de trazados siguiendo caminos existentes o la instalación junto a otras infraestructuras ya construidas es una medida adecuada en muchos casos para reducir o prevenir los impactos en el paisaje.

Como medida preventiva resulta del máximo interés la ejecución de dos o más infraestructuras lineales aprovechando la misma zanja, de modo que las afecciones sobre el paisaje serán las correspondientes a una sola infraestructura.

El impacto en el paisaje de la conducción de abastecimiento de agua desde el depósito de La Pedrera, se redujo realizando el trazado paralelo a la carretera N-121 entre Olite y Caparroso.

2 Reducción de las anchuras de ocupación de las zanjas, especialmente en los paisajes que tengan mayor singularidad, fragilidad y naturalidad.

La principal medida para atenuar los impactos sobre el medio natural y el paisaje de las infraestructuras lineales subterráneas es reducir la anchura de ocupación durante la ejecución de las obras. Esta anchura debe fijarse entre los 5-7 metros cuando se atraviesan zonas de vegetación natural, especialmente bosques naturales, orlas arbóreas y arbustivas, matorrales, pastos naturales, praderas de diente seminaturales y hábitats de interés prioritario incluidos en la Directiva de Hábitats 92/43/CEE, así como cuando se afecta a espacios incluidos en la Red Natura 2000 (ZEC y ZEPA) y en la Red de Espacios Protegidos de Navarra (RENA). Esto supondrá la adecuación de la maquinaria a utilizar al tipo de obra y a los distintos tipos de paisaje para minimizar los impactos.

Acopio de materiales y trabajos preparatorios junto a la carretera de Olite a Caparroso para reducir el impacto de la actuación.

Preparación del trazado en pinar para trabajar con mínima zona de ocupación dentro del bosque. Las zonas de acopio de materiales, tubos, maquinaria, etc se localizarán fuera de la zona de mayor calidad y fragilidad paisajística.

Anchura de ocupación mínima por la que se ha realizado la instalación de una conducción atravesando un quejigal.

Zona modificada por una conducción ejecutada con anchura de ocupación mínima para atravesar un pinar de repoblación de pino carrasco.

Inicio de los trabajos de mínima ocupación en el entorno de los robledales de Villanueva de Aezkoa.

Balizamiento del área a afectar en la apertura de zanja entre vegetación de ribera en Cirauqui.

Ontinar y tomillar-aliagar junto a la carretera de Olite a Caparroso antes de comenzar las obras.

Ejecución de las obras por la zona próxima a la carretera. Se produce afección al ontinar junto a la carretera de Olite a Caparroso y el trazado trata de evitar la alteración del humedal con juncales, carrizales y pastizales de interés.

3 Garantizar la mínima afección superficial.

Para ello se llevarán a cabo las siguientes medidas.

- Aprovechamiento de carreteras y caminos existentes para acceder a las zonas de construcción de las zanjas.

- Señalizar claramente, mediante replanteo, las anchuras de ocupación de las obras delimitando la propia zona de actuación, zonas de tránsito de maquinaria y zonas de vertedero, si las hubiese, con el objeto de que no se produzcan afecciones innecesarias a la vegetación contigua a la zona de obras.

- La ubicación de vertederos no deberá afectar a zonas de vegetación natural (bosquetes, orlas arbustivas y setos, matorrales, proximidades de cauces). Los restos de pavimento y hormigón deberán trasladarse a vertedero autorizado.

- Replanteo sobre el terreno del perímetro de las superficies de ocupación de los parques de maquinaria y de las edificaciones temporales auxiliares de manera que no se produzcan afecciones a la flora, vegetación y hábitats.

- Ubicación de las zonas de acopios de materiales, si las hubiese, en áreas sin vegetación natural.

- Los movimientos de tierras a realizar como consecuencia de la construcción de la zanja proyectada deben ser los menores posibles. Se deberán evitar los movimientos de tierras innecesarios.

- Señalización de las zonas de vegetación que vayan a ser afectadas por las obras para proponer, *in situ* y antes de comenzar las obras, medidas preventivas o alternativas complementarias que atenúen o eviten los posibles impactos.

- Limpieza del ámbito de actuación y de su entorno después de terminar las obras de construcción eliminando todo tipo de restos sólidos y de basura.

La aplicación de estas medidas, una parte de ellas de carácter preventivo y otras claramente correctoras de impactos, darán lugar a una disminución de los impactos paisajísticos que ocasionan las infraestructuras lineales subterráneas.

En ambas fotografías se muestra el trazado de la zanja entre zonas de matorral y campos de cultivo evitando las afecciones a la vegetación natural. La tierra de excavación se reserva junto a la zanja para el posterior relleno y tapado de la misma.

Zona atravesada por la conducción ya cubierta por la tierra de excavación.

Principales medidas:

A **Reposición de la topografía final y de las tierras una vez instalada la conducción:**

- Coordinar la restauración paisajística con las fases de ejecución de las obras.

- Adecuada reposición de tierras, separando previamente los primeros 40 cm de tierra vegetal, para que posteriormente sean colocados en la última tongada sobre la zanja.

- Restauración de taludes y terraplenes, según la topografía previa siempre y cuando sea posible, y acondicionarlos para que puedan ser objeto de plantaciones o siembras/hidrosiembras, minimizando pendientes y, por tanto, la erosionabilidad.

B **Recuperación de la vegetación y de los cultivos:**

- Evaluar correctamente si es mejor un talud tendido que ocupa una mayor superficie que uno más vertical que ocupará menor superficie. Este criterio se debe adecuar a las especificidades de cada proyecto y del área en el que se desarrolla.

- Plantaciones con especies propias del área biogeográfica del proyecto. Antes de plantear plantaciones hay que valorar el área geográfica del proyecto, las posibilidades de supervivencia de las mismas y establecer una serie de condicionantes para su mantenimiento.

- La restauración paisajística depende de la restitución de las tierras sobre el área afectada por los trabajos y de la revegetación de dicho ámbito. En muchas ocasiones la recuperación de la cubierta vegetal conlleva necesariamente la realización de siembras y plantaciones. Pero en determinadas situaciones topográficas, como los taludes de pendiente pronunciada o formados por rocas y en ciertas áreas donde se devuelven los terrenos al uso anterior o el banco de semillas está bien conservado, resulta más adecuado dejar a evolución natural la recolonización por las plantas del área modificada.

- Siembras o hidrosiembras cuya composición florística sea lo más próxima posible a las especies propias del área del proyecto.

- Minimizar la utilización de escolleras y en caso de que sean necesarias, recubrirlas de tierra vegetal y realizar estaquillados.

- En los tramos de praderas o cultivos, se minimizará la anchura de afección a la necesaria para construir la zanja y se separará la tierra vegetal (40-50 cm) del resto para restaurar posteriormente las praderas.

C Restauración de la zona afectada por las obras:

- En el caso de que haya infraestructuras que queden fuera de servicio deberán ser desmontadas.

- Todos los restos de obra serán trasladados a un gestor de residuos autorizado y en los términos establecidos en la propia normativa.

- Una vez concluidas las obras necesarias para la realización de la infraestructura, se procederá a la restauración de las zonas afectadas.

- En la ejecución de las obras no se deberán verter tierras, piedras, gasoil, aceites, plásticos, envases u hormigón o cualquier otro material en ríos, regatas y barrancos ni deberán depositarse en las márgenes de carreteras o caminos ni en los drenajes y cunetas.

Restauración de la zanja mediante plantación de fresnos en Cirauqui.

Talud compactado por el que transcurre la tubería preparado para realizar una hidrosiembra.

Talud por el que va la tubería durante la fase de obras, una vez realizada la restauración de tierras.

Conducción de Ripa al depósito de Guendulain: franja siendo colonizada por vegetación natural.

Recolonización natural de la conducción Ataketa por pradera en el proyecto Ultzama, Anue y Lantz.

Trazado atravesando matorral alto de bojes en Ripa, de la conducción Ultzama, Odieta, Anué y Lantz en fase de obras.

Recolonización natural transcurrido dos años del trazado de la conducción por bujedo, en Ripa.

Acondicionamiento de las tierras en el área afectada por las obras.

Restauración mediante plantación del robledal.

Respeto del arbolado en el área de descanso junto a Cirauqui en la fase de obras.

Área de descanso junto a Cirauqui restaurada tras las obras.

Acondicionamiento de las tierras en el área afectada por las obras, en zona de mosaico de matorral y bosque mediterráneo.

Restauración mediante plantación del robledal.

Medidas correctoras en actuaciones en ríos

Cruce de cursos fluviales

Cruce bajo el cauce

El cruce de los ríos, regatas y barrancos mediante hinca o perforación dirigida (sistema de cruce por debajo del lecho del río) es la principal medida correctora para evitar afecciones al medio natural y al paisaje. Se trata de un sistema por el que se hace un pequeño túnel, por el que transcurrirá la tubería, en el lecho del curso de agua sin que se produzca afección al mismo ni a las márgenes del curso fluvial. Los puntos de inicio y salida deben estar suficientemente alejados del curso de agua para que el ángulo de incidencia de la hinca sea el adecuado. Este sistema es de gran importancia desde un punto de vista paisajístico y ecológico, aunque económicamente puede suponer un incremento del presupuesto del proyecto. También hay que considerar que no siempre es técnicamente posible.

Zona de hinca dirigida que cruza el río Arakil alejada de la margen del río.

Balsa de agua para la realización de los trabajos del túnel en la zona de cruce (hinca dirigida) del río Arakil ubicada a suficiente distancia para no afectar a la vegetación de las orillas.

Zona de cruce del río Arakil atravesada por conducción mediante hinca dirigida (cruce por debajo del lecho del río).

Cruce a cielo abierto

Las medidas precautorias serán las aplicadas con carácter general en lo referente a la ocupación de superficie mínima y respeto de la vegetación. Este tipo de cruce exige necesariamente llevar a cabo medidas para proteger de la erosión los nuevos taludes de los márgenes generados tras las obras. Las soluciones siempre que las características del sustrato resultante lo permitan, deberán ser realizadas con materiales naturales de las especies propias del área. Se diseñarán soluciones de ingeniería biológica como muros de tierra reforzada o entramados "Krainer". En muchos casos se requiere la construcción de escolleras. Estas se restaurarán mediante su recubrimiento con tierra en los huecos de piedra y la utilización de especies adecuadas como estaquillas de sauces y especies trepadoras (hiedras).

Zona de cruce del río Irati antes de la obra mediante zanja abierta, en el proyecto de conducción de Aria, Villanueva de Aezkoa-Aria.

Instalación de la tubería en la zanja por el río.

Escollera de protección de la tubería en la margen del río Irati.

Restauración mediante fajinas de sauce en el río Ubagua.

Restauración en una zona de escollera en Riezu que mejora la integración ambiental y paisajística.

Plantación de vegetación de ribera y de faginas de sauce en las márgenes del río Ubagua, en las proximidades del camping de Riezu.

En ambas fotografías se puede observar el desarrollo de las faginas de sauce unos meses después de su colocación en el río Ubagua.

Cruce de barrancos y regatas

Se realizan mediante zanja abierta buscando las zonas con menor presencia de vegetación en las márgenes.

Plantación en regata de Latasa.

Proyecto de Ultzama, Odieta, Anué y Lantz en Latasa: trazado de la conducción atravesando orla arbustiva en una regata.

Plantación densa de especies arbustivas en barranco de Riezu del proyecto de Yerri y Guesalaz.

BUENAS PRÁCTICAS
EJEMPLO DE MÍNIMA ÁREA DE OCUPACIÓN

Proyecto de abastecimiento en alta en Aria.
Conducción que parte de Hiriberri/Villanueva de Aezkoa. Solución Iturriotz.

Localización

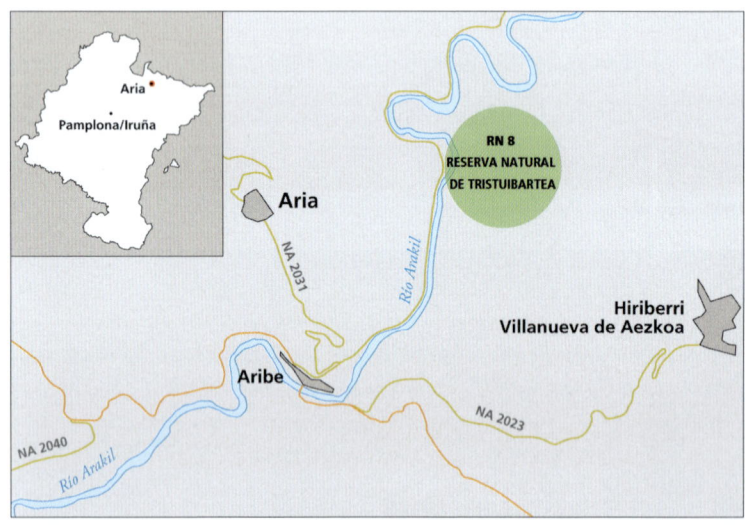

El trazado da la conducción se definió una vez realizado el estudio de alternativas teniendo en cuenta la necesidad de atravesar la Zona de Especial Conservación (ZEC). Sistema fluvial de los ríos Irati, Urrobi y Erro, y la Reserva Natural de Tristuibartea.

En el proyecto de Abastecimiento en alta a Aria. Solución Iturriotz la medida más efectiva para atenuar los impactos paisajísticos y ambientales fue la disminución de la anchura de ocupación a 4 m en la Zona de Especial Conservación (ZEC).

En la misma línea que la medida anterior, se procuró reducir la anchura de ocupación prevista de 10 m (o de 6 m en los tramos en los que haya camino) a 4 ó 5 m a lo largo de todo el trazado de la zanja, especialmente en los tramos a media ladera y de fuerte pendiente que transcurren por Aribe y Aria. La aplicación de estas medidas correctoras supuso una disminución de la afección superficial de un 62% en el conjunto del proyecto y de un 63% en la ZEC.

Robledal de la ZEC antes del inicio de la obra.

Apertura de zanja en la ZEC minimizando la anchura de ocupación.

Vista del área de trazado de la zanja desde Hiriberri/Villanueva de Aezkoa antes de la ejecución de la obra.

Vista del trazado después de realizada la zanja desde Hiriberri/Villanueva de Aezkoa.

BUENAS PRÁCTICAS

EJEMPLO DE ZANJA COMPARTIDA POR DOS INFRAESTRUCTURAS LINEALES SUBTERRÁNEAS

Proyecto Arakil: Emisario de aguas residuales y línea de alta tensión subterránea

Localización

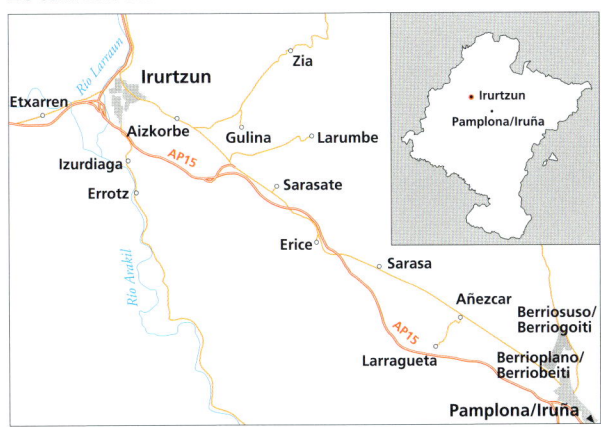

El objeto de proyecto es la construcción del emisario de aguas residuales desde la planta de Harivenasa en Echarren hasta la depuradora de Irurtzun y la instalación de la línea de alta tensión que llegará a la citada industria desde la subestación STR Irurtzun.

Para reducir el impacto ambiental y facilitar la integración en el paisaje las dos infraestructuras lineales subterráneas se realizan en buena parte del trazado en una zanja compartida.

Ambas infraestructuras se inician de forma independiente, una desde la depuradora y la línea eléctrica desde el emisario STR y discurren por la misma zanja para realizar ya juntas el cruce del río Larraun.

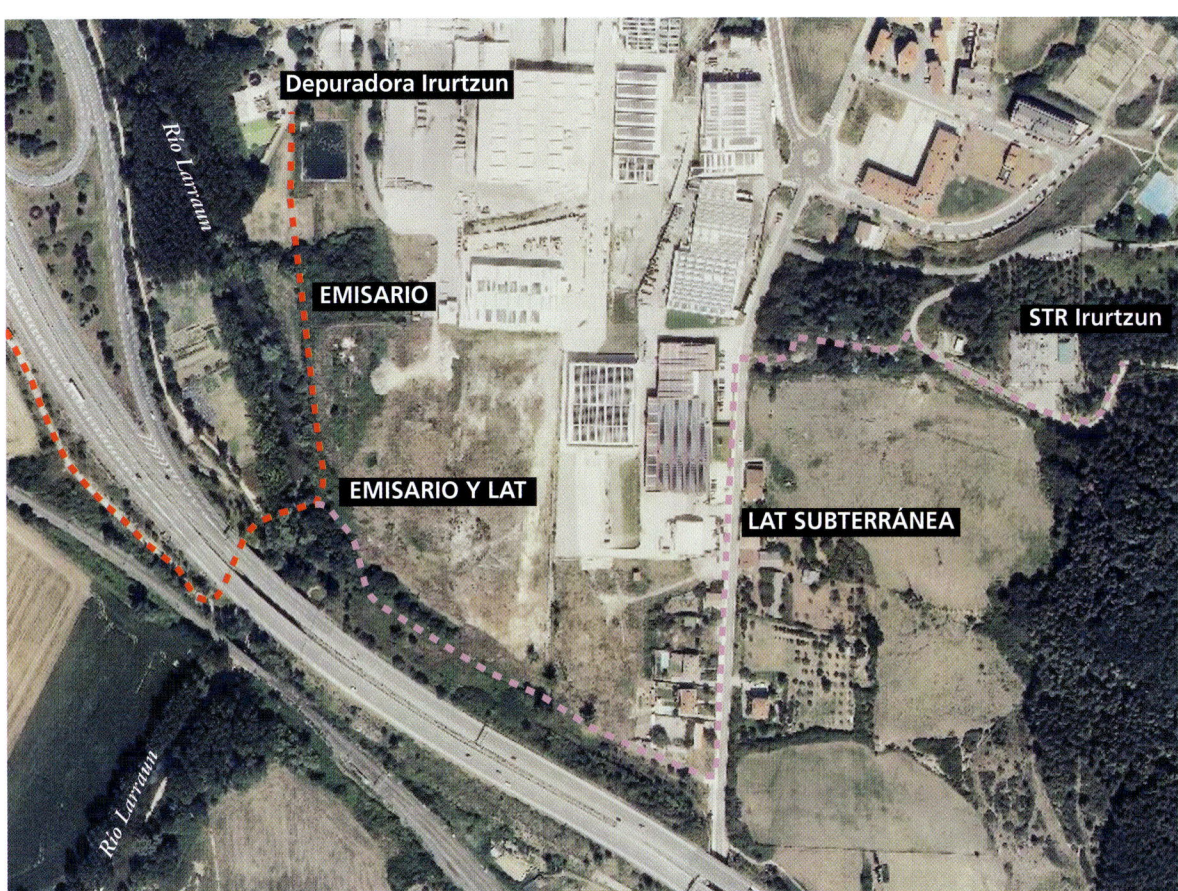

Ejemplo de realización de zanja compartida por emisario a depuradora y línea de alta tensión para reducir las afecciones en el cruce del río y en la vegetación del entorno fluvial.

Medidas preventivas y correctoras

Las medidas preventivas están dirigidas principalmente a disminuir todo lo posible las superficies de afección a la vegetación natural.

Desde el inició del proyecto se contempló el cruce de los ríos Larraun y Arakil mediante hinca dirigida por lo que esta medida, en sí misma, debe considerarse como la principal medida tanto preventiva como correctora.

Inicio del tendido eléctrico desde subestación de Irurtzun.

LAT STR Irurtzun-confluencia con Emisario

- El subtramo entre la STR Irurtzun y la carretera NA-7010 Astrain-Irurtzun transcurre por una canalización eléctrica ya existente por lo que no se realizó la apertura de zanja. En el último tramo antes de juntarse la línea eléctrica con el emisario, se tomaron medidas para preservar un rodal de robles pubescentes situado en las proximidades y al pie de la carretera.

- En el subtramo paralelo a la autovía, la zanja transcurre junto a la misma con una ocupación mínima para evitar eliminar la vegetación herbácea y conservar el arbolado disperso (chopos) y la vegetación existente en el tramo más próximo al cruce del río Larraun.

Zona de zanja del tendido eléctrico desde subestación de Irurtzun.

Emisario desde la depuradora de Irurtzun hasta confluencia con LAT

- El cruce de la orla arbustiva próxima a la depuradora se realizó disminuyendo la anchura de ocupación todo lo posible y para ello se utilizó una retroexcavadora de pequeño tamaño, extrayendo la tierra a zonas anteriores y posteriores de la orla, de manera que se minimice la anchura de ocupación a la de la propia zanja.

Zanja y anchura de ocupación en la orla arbustiva en la fase de obras.

Ejecución de la obra y anchura de ocupación de la misma.

Zona de trazado de la zanja antes de la obra, en las proximidades del río Larraun.

Zona de trazado de la zanja, en las proximidades del río Larraun.

Tramo común Emisario y LAT

- Los tramos de cruce de los ríos Larraun y Arakil son, indudablemente, los de mayor valor ambiental del área del proyecto y como han sido atravesados mediante hinca dirigida no se ha producido afección alguna en el cauce. Se minimizó la afección a las márgenes de los ríos Larraun y Arakil en la realización de la hinca dirigida.

- La zanja transcurre por el trazado de los caminos existentes, evitando afecciones al arbolado del entorno. La anchura de ocupación no excede la anchura de los caminos.

Zona de cruce del río Larraun mediante hinca dirigida (cruce por debajo del lecho del río) tras finalizar las obras.

CRITERIOS PARA LA INTEGRACIÓN EN EL PAISAJE DE INFRAESTRUCTURAS LINEALES SUBTERRÁNEAS

5

A continuación se recogen -en forma de fichas- un conjunto de criterios para garantizar la integración paisajística. Para ello se han tomado como referencia once tipos de paisaje atravesados por infraestructuras lineales subterráneas en Navarra.

Foto: Bakartxo Aniz

Las fichas incluyen de manera esquemática los siguientes apartados:

Foto: J. Arbilla

1 Características del paisaje concreto

Las características del paisaje concreto son aquellos atributos específicos de ese paisaje y que, a su vez, lo diferencian de otros tipos de paisaje.

La **singularidad**, **fragilidad** y **naturalidad** pueden considerarse como atributos del paisaje:

- La **Singularidad** pretende valorar la abundancia de cada tipo de paisaje. Se evalúa desde baja (paisaje muy abundante) a alta (paisaje muy poco abundante). Esta abundancia de tipo de paisaje puede evaluarse a nivel de proyecto, municipio, comarca, correspondiente a cada uno de los Planes de Ordenación Territorial o a nivel de Navarra. En las fichas siguientes la referencia geográfica es la Comunidad Foral de Navarra. Por ejemplo, el paisaje de los bosques subalpinos del área pirenaica de Navarra es muy singular mientras que los cultivos agrícolas serán muy poco singulares.

- La **Fragilidad** de un paisaje es la capacidad de regeneración del mismo en función de su estructura, composición y complejidad. Se evalúa desde baja (paisaje nada o muy poco frágil) a alta (paisaje de gran fragilidad). Por ejemplo, un cultivo tendrá una fragilidad baja mientras que un roquedo recubierto de musgo tendrá una fragilidad alta.

- La **Naturalidad** es el grado de transformación que ha sufrido cada tipo de paisaje. Se evalúa desde baja (paisaje muy transformado o muy poco natural) a alta (paisaje no transformado). Por ejemplo, un cultivo agrícola o una zona periurbana tendrán una naturalidad baja mientras que un hayedo normalmente tendrá una naturalidad alta.

Foto: J. Arbilla

2 Valoración del paisaje concreto

La valoración del paisaje concreto puede obtenerse a partir de los atributos anteriores de singularidad, fragilidad y naturalidad. Por ejemplo, los paisajes asociados a los ríos pueden tener una singularidad alta (son poco abundantes), fragilidad media (son paisajes que tienen por sí mismos una cierta capacidad de regeneración) y naturalidad alta (paisajes de cursos altos de ríos de montaña) o baja (paisajes de cursos medios o bajos alterados).

3 Impactos ocasionados por las infraestructuras lineales subterráneas

Los aspectos más impactantes sobre cada tipo de paisaje son siempre la construcción de la zanja y, especialmente, más que la anchura de la propia zanja, la anchura de ocupación cuando se ejecuta la obra. Esta anchura, a su vez, está muy condicionada por la pendiente del terreno y el uso del mismo. También hay que considerar la apertura o no de caminos para acceder a la zona de obras.

Una vez ejecutada la obra, los diversos tipos de paisaje por los que esta ha transcurrido serán determinantes para la mayor o menor reversibilidad del impacto a medio y largo plazo.

Foto: J. Arbilla

Foto: J. Arbilla

4 Medidas para atenuar los impactos

En cada una de las fichas se concretan las medidas para atenuar los impactos.

Como medidas generales cabe destacar:

- Realización de estudios de alternativas previos a la redacción del proyecto, en el que se incluyan también las alternativas de accesos y donde se valoren adecuadamente los impactos paisajísticos de cada una de las alternativas. La valoración deberá realizarse a nivel del paisaje extrínseco (impacto visual de la obra desde fuera de la misma) y del paisaje intrínseco.

- Realización de una cartografía de tipos de paisaje en el área del proyecto y su entorno.

- Redacción de proyectos de restauración paisajística en función de las afecciones generadas. Adecuación de la restauración paisajística a las distintas fases de ejecución de las obras y coordinación entre la fase de construcción y la restauración paisajística.

Medidas en relación con la zona de obras

- Señalización de las zonas de mayor valor paisajístico que vayan a ser afectadas por las obras para proponer, in situ y antes de comenzar las obras, medidas preventivas o alternativas complementarias que atenúen o eviten los posibles impactos.

- Reducción de las anchuras de ocupación de las zanjas, especialmente en los paisajes que tengan mayor singularidad, fragilidad y naturalidad. Cuantificación de las superficies de los diferentes tipos de paisaje afectados.

- Adecuación de la maquinaria a utilizar al tipo de obra y a los distintos tipos de paisaje para minimizar los impactos.

- Valoración paisajística de modificaciones que puedan surgir en la ejecución de las obras y revisión de las medidas a aplicar.

- Replanteo preciso de la superficie de obra y de sus infraestructuras auxiliares, así como de las zonas de acopio y de vertederos y de las superficies de tránsito de la maquinaria.

- Realizar los cruces de ríos mediante hinca (sistema de cruce por debajo del lecho del río).

Medidas en relación con la restauración paisajística y revegetación

- Retirada de la tierra vegetal sin compactarla ni mezclarla con otros tipos de tierra con el objeto de reutilizarla en los trabajos de restauración paisajística.

- Aprovechar la tierra que contiene el banco de semillas del suelo para restaurar el paisaje.

- Evitar la corta de árboles singulares, así como las afecciones a puntos singulares del paisaje (balsas, humedales, charcas, saladares, etc.).

- Evitar el vertido de tierras y/o piedras en las laderas forestales y en las márgenes o cauces de regatas, barrancos y ríos.

- Utilización de especies adecuadas a cada zona biogeográfica y a cada tipo de paisaje.

- Restauración de escolleras mediante su recubrimiento con tierra en los huecos de piedra y la utilización de especies adecuadas como estaquillas de sauces y especies trepadoras (hiedras).

- Creación de pequeñas superficies de interés paisajístico (balsas, bosquetes).

- Plantaciones compensatorias de restauración del paisaje en zonas contiguas a la del proyecto.

1 PAISAJE PERIURBANO

CARACTERÍSTICAS

Paisaje propio del entorno del núcleo urbano que ocupa el espacio entre las edificaciones y los campos de cultivo o praderas. En él puede haber naves agrícolas, pequeñas construcciones, vallas, muros, huertas, terrenos baldíos, campos abandonados convertidos en llecos o antiguos campos de frutales abandonados. Este espacio periurbano incluye la interfaz entre el núcleo urbano y el paisaje más natural o seminatural (agrícola).

VALORACIÓN

	Alta	Media	Baja
Singularidad		●	●
Fragilidad			●
Naturalidad			●

VALORACIÓN: BAJA

IMPACTOS

Las obras requieren en general la realización de los siguientes trabajos con posibles afecciones en el paisaje:

- Movimientos de tierras para la preparación del terreno.

- Apertura de zanja.

- Zona de ocupación durante la ejecución de la obra.

- Movimiento de maquinaria con distintas afecciones según sus dimensiones.

- Creación de taludes de desmonte y terraplén con alturas y pendientes variables.

- Riesgo de afección a zonas colindantes de la superficie de obras.

- Sobre la vegetación: Corta de arbolado y de especies arbustivas, desbroce de matorrales o roturación de terrenos baldíos, llecos y campos abandonados.

- Afección a praderas de diente y/o siega contiguos al bosque.

- Alteraciones en los horizontes superficiales del suelo.

- Posibilidad de afecciones a elementos singulares como árboles dispersos, árboles de gran porte, setos, ribazos (ezpuendas), huertas, muros, cercados, cierres, canales, construcciones singulares, sendas naturales, caminos tradicionales, vías pecuarias, abrevaderos, fuentes y tomas de agua, patrimonio cultural y arqueológico.

MEDIDAS

Replanteo preciso de la superficie de obra y de sus infraestructuras auxiliares.

Replanteo de las zonas de acopio y de vertederos.

Delimitación de las superficies de tránsito de la maquinaria.

Limitar la anchura de ocupación de las zanjas.

Protección con señalamiento bien visible de orlas arbustivas y setos de mayor valor paisajístico.

Retirada de la tierra vegetal sin compactarla ni mezclarla con otros tipos de tierra con el objeto de reutilizarla en los trabajos de restauración paisajística.

Aprovechar la tierra que contiene el banco de semillas del suelo para restaurar el paisaje.

Evitar la corta de árboles singulares.

Evitar el vertido de tierras y/o piedras en las laderas forestales y en las márgenes o cauces de regatas, barrancos y ríos.

Evitar afecciones a elementos singulares del paisaje (balsas, humedales, charcas, saladares, etc.).

Restauración de tierras para recuperar la topografía original.

Realización de plantaciones arbóreas, arbustivas y/o de matorral.

Realización de siembras o hidrosiembras.

Utilización de especies adecuadas a cada zona biogeográfica y a cada tipo de paisaje.

Adecuación de la maquinaria a las características técnicas y paisajísticas de la obra.

Acondicionar el contacto entre los taludes artificiales que se puedan generar como consecuencia de la ejecución de la obra y las zonas naturales.

Creación de pequeñas superficies de interés paisajístico (balsas, bosquetes).

Plantaciones compensatorias de restauración del paisaje en zonas contiguas a la del proyecto.

Utilización de caminos forestales ya existentes.

2 PAISAJE AGRÍCOLA

CARACTERÍSTICAS

Paisaje constituido por campos de cultivo que pueden ser de herbáceas (trigo, cebada, alfalfa, maíz, etc.) o de leñosas (almendro, olivo, viña, manzano, peral, otros frutales, etc.) y que están en terrenos de secano o regadío. También se incluyen los cultivos forzados (invernaderos). Ocupan principalmente el territorio situado al sur de la cuenca de Pamplona.

VALIDACIÓN

	Alta	Media	Baja
Singularidad	●	●	●
Fragilidad			●
Naturalidad			●

VALORACIÓN: BAJA-MEDIA

IMPACTOS

Las obras requieren en general la realización de los siguientes trabajos con posibles afecciones en el paisaje:

▍ Movimientos de tierras para la preparación del terreno.

▍ Apertura de zanja.

▍ Zona de ocupación durante la ejecución de la obra.

▍ Afección a zonas colindantes de la superficie de obras.

▍ Afección a cultivos herbáceos y/o leñosos de secano o regadío.

▍ Alteraciones en los horizontes superficiales del suelo.

▍ Posibilidad de afecciones a elementos singulares como árboles dispersos, árboles de gran porte, setos, ribazos (ezpuendas), huertas, muros, cercados, cierres, canales, construcciones singulares, sendas naturales, caminos tradicionales, vías pecuarias, abrevaderos, fuentes y tomas de agua, patrimonio cultural y arqueológico.

Foto: J. Arbilla

MEDIDAS

| Replanteo preciso de la superficie de obra y de sus infraestructuras auxiliares.

| Replanteo de las zonas de acopio y de vertederos.

| Protección de orlas arbustivas y setos de mayor valor paisajístico.

| Retirada de la tierra vegetal sin compactarla ni mezclarla con otros tipos de tierra con el objeto de reutilizarla en los trabajos de restauración paisajística.

| Aprovechar la tierra que contiene el banco de semillas del suelo para restaurar el paisaje.

| Evitar la corta de árboles singulares.

| Evitar el vertido de tierras y/o piedras en las laderas forestales y en las márgenes o cauces de regatas, barrancos y ríos.

| Evitar afecciones a elementos singulares del paisaje (balsas, humedales, charcas, saladares, etc.).

| Restauración de tierras para recuperar la topografía original.

| Adecuación de los acuerdos entre los taludes artificiales que se puedan generar como consecuencia de la ejecución de la obra y las zonas naturales.

| Utilización de caminos existentes.

Foto: J. Arbilla

3 PAISAJE AGROGANADERO (PRADERAS)

CARACTERÍSTICAS

Paisaje constituido por praderas aprovechadas por el ganado vacuno, equino y ovino a diente o combinando este aprovechamiento y la siega. Estos prados suelen estar verdes prácticamente todo el año. La mayor parte de ellos son abonados. Ocupan principalmente el territorio situado al norte de la cuenca de Pamplona. Se desarrollan sobre topografías variables, pero generalmente poco pendientes o llanas.

VALIDACIÓN

	Alta	Media	Baja
Singularidad	●	●	●
Fragilidad		●	
Naturalidad		●	●

VALORACIÓN: MEDIA

IMPACTOS

Las obras requieren en general la realización de los siguientes trabajos con posibles afecciones en el paisaje:

- Movimientos de tierras para la preparación del terreno.

- Apertura de zanja.

- Zona de ocupación durante la ejecución de la obra.

- Movimiento de maquinaria con distintas afecciones según sus dimensiones.

- Creación de taludes de desmonte y terraplén con alturas y pendientes variables.

- Roturación de pastos naturales y seminaturales.

- Afección a praderas de diente y/o siega.

- Alteraciones en los horizontes del suelo.

- Afecciones a elementos singulares como árboles catalogados, árboles dispersos, árboles singulares, setos, ribazos (ezpuendas), muros, cercados, cierres, construcciones singulares, sendas naturales, caminos tradicionales, vías pecuarias, abrevaderos, fuentes y tomas de agua, patrimonio cultural y arqueológico.

Foto: J. Arbilla

MEDIDAS

▎Medidas especiales en espacios protegidos de la Red Natura 2000 y de la Red de Espacios Naturales de Navarra (RENA).

▎Replanteo preciso de la superficie de obra y de sus infraestructuras auxiliares.

▎Replanteo de las zonas de acopio y de vertederos.

▎Delimitación sobre el terreno de las superficies de tránsito de la maquinaria.

▎Protección de orlas arbustivas y setos de mayor valor paisajístico.

▎Limitar la anchura de ocupación de las zanjas.

▎Retirada de la tierra vegetal sin compactarla ni mezclarla con otros tipos de tierra con el objeto de reutilizarla en los trabajos de restauración paisajística.

▎Aprovechar la tierra que contiene el banco de semillas del suelo para restaurar el paisaje.

▎Evitar la corta de árboles singulares.

▎Evitar el vertido de tierras y/o piedras en las laderas forestales y en las márgenes o cauces de regatas, barrancos y ríos.

▎Evitar afecciones a paisajes singulares (balsas, humedales, charcas, saladares, etc.).

▎Restauración de tierras para recuperar la topografía original.

▎Adecuación de los acuerdos entre los taludes artificiales que se puedan generar como consecuencia de la ejecución de la obra y las zonas naturales.

▎Creación de pequeñas superficies de interés paisajístico (balsas, bosquetes).

▎Utilización de caminos agrícolas ya existentes.

Foto: J. Arbilla

4 PAISAJE DE PASTOS MEDITERRÁNEOS

CARACTERÍSTICAS

Paisaje constituido por pastos herbáceos, generalmente densos, que permanecen verdes durante la primavera y comienzos del verano hasta que se secan y adquieren un tono pajizo durante el resto del año. A veces están en contacto con matorrales de porte bajo formando un mosaico de pastizal-matorral. Se desarrollan en la zona centro y sur de Navarra. Ocupan topografías variables, pero predominantemente sobre pendientes medias o altas.

VALIDACIÓN

	Alta	Media	Baja
Singularidad		●	
Fragilidad	●	●	
Naturalidad	●	●	

VALORACIÓN: MEDIA-ALTA

IMPACTOS

Las obras requieren en general la realización de los siguientes trabajos con posibles afecciones en el paisaje:

| Movimientos de tierras para la preparación del terreno.

| Apertura de zanja.

| Zona de ocupación durante la ejecución de la obra.

| Movimiento de maquinaria con distintas afecciones según sus dimensiones.

| Creación de taludes de desmonte y terraplén con alturas y pendientes variables.

| Roturación de pastos naturales y seminaturales.

| Afección a praderas de diente y/o siega.

| Alteraciones en los horizontes del suelo.

| Afecciones a elementos singulares como árboles catalogados, árboles dispersos, árboles singulares, setos, ribazos (ezpuendas), muros, cercados, cierres, construcciones singulares, sendas naturales, caminos tradicionales, vías pecuarias, abrevaderos, fuentes y tomas de agua, patrimonio cultural y arqueológico.

Foto: J.C. Báscones

MEDIDAS

Replanteo preciso de la superficie de obra y de sus infraestructuras auxiliares.

Replanteo de las zonas de acopio y de vertederos.

Delimitación de las superficies de tránsito de la maquinaria.

Protección de orlas arbustivas y setos de mayor valor paisajístico.

Limitar la anchura de ocupación de las zanjas.

Retirada de la tierra vegetal sin compactarla ni mezclarla con otros tipos de tierra con el objeto de reutilizarla en los trabajos de restauración paisajística.

Aprovechar la tierra que contiene el banco de semillas del suelo para restaurar el paisaje.

Evitar la corta de árboles singulares.

Evitar el vertido de tierras y/o piedras en las laderas forestales y en las márgenes o cauces de regatas, barrancos y ríos.

Evitar afecciones a paisajes singulares (balsas, humedales, charcas, saladares, etc.).

Restauración de tierras para recuperar la topografía original.

Realización de siembras o hidrosiembras.

Utilización de especies adecuadas a cada zona biogeográfica y a cada tipo de paisaje.

Adecuación de la maquinaria a las características técnicas y paisajísticas de la obra.

Adecuación de los acuerdos entre los taludes artificiales que se puedan generar como consecuencia de la ejecución de la obra y las zonas naturales.

Creación de pequeñas superficies de interés paisajístico (balsas, charcas).

Plantaciones compensatorias de restauración del paisaje en zonas contiguas a la del proyecto.

Utilización de caminos existentes.

Medidas especiales en espacios protegidos de la Red Natura 2000 y de la Red de Espacios Naturales de Navarra (RENA).

5 PAISAJE DE PASTOS DE MONTAÑA

CARACTERÍSTICAS

Paisaje constituido por pastos herbáceos densos que permanecen verdes durante gran parte del año. En verano pueden adquirir un tono pajizo, dependiendo de la meteorología anual, pero las tormentas veraniegas y las lluvias otoñales pueden hacer que reverdezcan. En ocasiones forman mosaicos con matorrales o se desarrollan entre zonas con afloramientos rocosos. Ocupan las laderas de montaña del centro y norte de Navarra. Se encuentran sobre topografías muy variables, desde llanas hasta de fuerte pendiente en las laderas de las montañas más altas.

VALIDACIÓN

	Alta	Media	Baja
Singularidad	●	●	
Fragilidad			●
Naturalidad	●	●	

VALORACIÓN: MEDIA-ALTA

IMPACTOS

Las obras requieren en general la realización de los siguientes trabajos con posibles afecciones en el paisaje:

| Movimientos de tierras para la preparación del terreno.

| Apertura de zanja.

| Zona de ocupación durante la ejecución de la obra.

| Movimiento de maquinaria con distintas afecciones según sus dimensiones.

| Creación de taludes de desmonte y terraplén con alturas y pendientes variables.

| Alteraciones en los horizontes del suelo.

| Afecciones a elementos singulares como árboles catalogados, árboles dispersos, árboles singulares, setos, ribazos (ezpuendas), muros, cercados, cierres, construcciones singulares, sendas naturales, caminos tradicionales, vías pecuarias, abrevaderos, fuentes y tomas de agua, patrimonio cultural y arqueológico.

MEDIDAS

Medidas especiales en espacios protegidos de la Red Natura 2000 y de la Red de Espacios Naturales de Navarra (RENA).

Replanteo preciso de la superficie de obra y de sus infraestructuras auxiliares.

Replanteo de las zonas de acopio y de vertederos.

Delimitación de las superficies de tránsito de la maquinaria.

Protección de orlas arbustivas y setos de mayor valor paisajístico.

Limitar la anchura de ocupación de las zanjas.

Retirada de la tierra vegetal sin compactarla ni mezclarla con otros tipos de tierra con el objeto de reutilizarla en los trabajos de restauración paisajística.

Aprovechar la tierra que contiene el banco de semillas del suelo para restaurar el paisaje.

Aplicación de la normativa de residuos (gestor de residuos) para evitar afecciones al paisaje.

Evitar afecciones a paisajes singulares (balsas, humedales, charcas, saladares, etc.).

Restauración de tierras para recuperar la topografía original.

Valorar dejar a evolución de la vegetación una vez extendida la tierra vegetal.

Utilización de especies adecuadas a cada zona biogeográfica y a cada tipo de paisaje.

Adecuación de la maquinaria a las características técnicas y paisajísticas de la obra.

Adecuación de los acuerdos entre los taludes artificiales que se puedan generar como consecuencia de la ejecución de la obra y las zonas naturales.

Utilización de caminos existentes.

6 PAISAJE DE MATORRALES MEDITERRÁNEOS

CARACTERÍSTICAS

Paisaje constituido por matorrales altos, a veces muy densos, y/o por matorrales bajos dominados por pequeños arbustos y matas. Cuando los matorrales altos son más abiertos, en los huecos se desarrollan los matorrales bajos formando un mosaico de matas y arbustos de diferentes alturas. La mayor parte de estos matorrales permanecen verdes durante todo el año, a veces algunos tienen un aspecto verde-grisáceo. Se desarrollan en la zona centro y sur de Navarra. Ocupan topografías muy variadas, desde llanas a fuertes pendientes.

VALIDACIÓN

	Alta	Media	Baja
Singularidad	●		
Fragilidad	●	●	
Naturalidad	●	●	●

VALORACIÓN: MEDIA-ALTA

IMPACTOS

Las obras requieren en general la realización de los siguientes trabajos con posibles afecciones en el paisaje:

Movimientos de tierras para la preparación del terreno.

Apertura de zanja.

Zona de ocupación durante la ejecución de la obra.

Movimiento de maquinaria con distintas afecciones según sus dimensiones.

Creación de taludes de desmonte y terraplén con alturas y pendientes variables.

Afección a zonas colindantes de la superficie de obras.

Corta de arbolado y de especies arbustivas y desbroce de matorrales.

Alteraciones en los horizontes del suelo.

Afecciones a elementos singulares como árboles catalogados, árboles dispersos, árboles singulares, setos, ribazos (ezpuendas), muros, cercados, cierres, construcciones singulares, sendas naturales, caminos tradicionales, vías pecuarias, abrevaderos, fuentes y tomas de agua, patrimonio cultural y arqueológico.

Foto: J. Arbilla

MEDIDAS

- Medidas especiales en espacios protegidos de la Red Natura 2000 y de la Red de Espacios Naturales de Navarra (RENA).

- Replanteo preciso de la superficie de obra y de sus infraestructuras auxiliares.

- Replanteo de las zonas de acopio y de vertederos.

- Delimitación de las superficies de tránsito de la maquinaria.

- Limitar la anchura de ocupación de las zanjas.

- Retirada de la tierra vegetal sin compactarla ni mezclarla con otros tipos de tierra con el objeto de reutilizarla en los trabajos de restauración paisajística.

- Aprovechar la tierra que contiene el banco de semillas del suelo para restaurar el paisaje.

- Evitar la corta de árboles singulares.

- Evitar el vertido de tierras y/o piedras en las laderas forestales y en las márgenes o cauces de regatas, barrancos y ríos.

- Aplicación de la normativa de residuos (gestor de residuos) para evitar afecciones al paisaje.

- Evitar afecciones a paisajes singulares (balsas, humedales, charcas, saladares, etc.).

- Restauración de tierras para recuperar la topografía original.

- Realización de plantaciones arbóreas, arbustivas y/o de matorral.

- Realización de siembras o hidrosiembras.

- Adecuación de la maquinaria a las características técnicas y paisajísticas de la obra.

- Adecuación de los acuerdos entre los taludes artificiales que se puedan generar como consecuencia de la ejecución de la obra y las zonas naturales.

- Creación de pequeñas superficies de interés paisajístico (balsas, charcas).

- Plantaciones compensatorias de restauración del paisaje en zonas contiguas a la del proyecto.

- Utilización de caminos existentes.

7 PAISAJE DE MATORRALES DE MONTAÑA

CARACTERÍSTICAS

Paisaje constituido por matorrales más o menos abiertos, en ocasiones densos, con presencia de especies de porte medio o bajo, que se mantienen verdes durante todo el año y ocupan laderas del tercio norte de Navarra. Ocupan topografías muy variadas, pero generalmente laderas de fuertes pendientes.

VALIDACIÓN

	Alta	Media	Baja
Singularidad	●	●	
Fragilidad	●	●	●
Naturalidad	●	●	

VALORACIÓN: MEDIA-ALTA

IMPACTOS

Las obras requieren en general la realización de los siguientes trabajos con posibles afecciones en el paisaje:

- Movimientos de tierras para la preparación del terreno.

- Apertura de zanja.

- Zona de ocupación durante la ejecución de la obra.

- Movimiento de maquinaria con distintas afecciones según sus dimensiones.

- Creación de taludes de desmonte y terraplén con alturas y pendientes variables.

- Afección a zonas colindantes de la superficie de obras.

- Corta de especies arbustivas y desbroce de matorrales.

- Roturación de pastos naturales y seminaturales.

- Afecciones a elementos singulares como árboles catalogados, árboles dispersos, árboles singulares, setos, ribazos (ezpuendas), muros, cercados, cierres, construcciones singulares, sendas naturales, caminos tradicionales, vías pecuarias, abrevaderos, fuentes y tomas de agua, patrimonio cultural y arqueológico.

MEDIDAS

Medidas especiales en espacios protegidos de la Red Natura 2000 y de la Red de Espacios Naturales de Navarra (RENA).

Replanteo preciso de la superficie de obra y de sus infraestructuras auxiliares.

Replanteo de las zonas de acopio y de vertederos.

Delimitación de las superficies de tránsito de la maquinaria.

Protección de áreas de mayor valor paisajístico.

Limitar la anchura de ocupación de las zanjas.

Retirada de la tierra vegetal sin compactarla ni mezclarla con otros tipos de tierra con el objeto de reutilizarla en los trabajos de restauración paisajística.

Aprovechar la tierra que contiene el banco de semillas del suelo para restaurar el paisaje.

Trituración de restos forestales para su utilización en la restauración.

Evitar el vertido de tierras y/o piedras en las laderas forestales y en las márgenes o cauces de regatas, barrancos y ríos.

Aplicación de la normativa de residuos (gestor de residuos) para evitar afecciones al paisaje.

Restauración de tierras para recuperar la topografía original.

Realización de siembras o hidrosiembras.

Utilización de especies propias de la zona biogeográfica.

Adecuación de la maquinaria a las características técnicas y paisajísticas de la obra.

Adecuación de los acuerdos entre los taludes artificiales que se puedan generar como consecuencia de la ejecución de la obra y las zonas naturales.

Utilización de caminos existentes.

8 PAISAJE DE ORLAS ARBUSTIVAS

CARACTERÍSTICAS

Paisaje constituido por matorrales altos y de porte arbustivo que se desarrollan en zonas muy diversas desde formando parte de los bordes externos o claros de bosques, hasta formando parte del denominado paisaje en "bocage" constituyendo setos vivos que marcan las delimitaciones de parcelas agrícolas o praderas de uso ganadero. En este último caso, los ejemplos en Navarra son muy escasos debido a las transformaciones producidas por las concentraciones parcelarias. Están presentes en toda Navarra. Se desarrollan generalmente sobre topografías llanas o de pendientes moderadas

VALIDACIÓN

	Alta	Media	Baja
Singularidad	●		
Fragilidad		●	
Naturalidad	●	●	●

VALORACIÓN: MEDIA- ALTA

IMPACTOS

Las obras requieren en general la realización de los siguientes trabajos con posibles afecciones en el paisaje:

- Movimientos de tierras para la preparación del terreno.

- Apertura de zanja.

- Zona de ocupación durante la ejecución de la obra.

- Movimiento de maquinaria con distintas afecciones según sus dimensiones.

- Creación de taludes de desmonte y terraplén con alturas y pendientes variables.

- Corta de arbolado y de especies arbustivas.

- Alteraciones en los horizontes del suelo.

- Afecciones a elementos singulares como árboles catalogados, árboles dispersos, árboles singulares, setos, ribazos (ezpuendas), muros, cercados, cierres, construcciones singulares, sendas naturales, caminos tradicionales, vías pecuarias, abrevaderos, fuentes y tomas de agua, patrimonio cultural y arqueológico.

Foto: J. Arbilla

MEDIDAS

Medidas especiales en espacios protegidos de la Red Natura 2000 y de la Red de Espacios Naturales de Navarra (RENA).

Replanteo preciso de la superficie de obra y de sus infraestructuras auxiliares.

Replanteo de las zonas de acopio y de vertederos.

Delimitación de las superficies de tránsito de la maquinaria.

Protección de orlas arbustivas y setos de mayor valor paisajístico.

Limitar la anchura de ocupación de las zanjas.

Retirada de la tierra vegetal sin compactarla ni mezclarla con otros tipos de tierra con el objeto de reutilizarla en los trabajos de restauración paisajística.

Aprovechar la tierra que contiene el banco de semillas del suelo para restaurar el paisaje.

El apeo de los árboles se realizará de manera que no afecte al resto del arbolado.

La corta de arbolado y la poda de ramas se deberán realizar con herramientas adecuadas para que los cortes sean limpios y no queden ramas colgando.

Los restos de corta de arbolado deberán ser retirados, dejados en el monte en trozos de pequeño tamaño o triturados.

Evitar la corta de árboles singulares.

Evitar el vertido de tierras y/o piedras en las laderas forestales y en las márgenes o cauces de regatas, barrancos y ríos.

Aplicación de la normativa de residuos (gestor de residuos) para evitar afecciones al paisaje.

Evitar afecciones a paisajes singulares (balsas, humedales, charcas, saladares, etc.).

Restauración de tierras para recuperar la topografía original.

Realización de plantaciones arbóreas, arbustivas y/o de matorral.

Utilización de especies adecuadas a cada zona biogeográfica y a cada tipo de paisaje.

Adecuación de la maquinaria a las características técnicas y paisajísticas de la obra.

Adecuación de los acuerdos entre los taludes artificiales que se puedan generar como consecuencia de la ejecución de la obra y las zonas naturales.

Plantaciones compensatorias de restauración del paisaje en zonas contiguas a la del proyecto.

Utilización de caminos existentes.

Utilización de trochas propias de las explotaciones forestales.

9 PAISAJE DE RÍOS Y VEGETACIÓN DE RIBERA

CARACTERÍSTICAS

Paisaje fluvial constituido por ríos y regatas y su vegetación asociada de ribera, formando parte de la red hidrológica de las cuencas cantábrica y mediterránea de Navarra, según se localizan al N o al S de la divisoria de aguas. Los tramos altos son estrechos y de aguas rápidas mientras que en los cursos medios y bajos la anchura va aumentando y la velocidad del agua disminuyendo, aunque el caudal es lógicamente mayor. Las márgenes de los ríos están cubiertas generalmente de árboles y arbustos característicos de este paisaje.

VALIDACIÓN

	Alta	Media	Baja
Singularidad	●		
Fragilidad	●	●	
Naturalidad	●	●	●

VALORACIÓN: MEDIA-ALTA

IMPACTOS

Las obras requieren en general la realización de los siguientes trabajos con posibles afecciones en el paisaje:

- Movimientos de tierras para la preparación del terreno.

- Apertura de zanja.

- Zona de ocupación durante la ejecución de la obra.

- Movimiento de maquinaria con distintas afecciones según sus dimensiones.

- Creación de taludes de desmonte y terraplén con alturas y pendientes variables.

- Afección a zonas colindantes de la superficie de obras.

- Corta de arbolado, corta de especies arbustivas.

- Alteraciones en los horizontes del suelo.

- Construcción de escolleras.

- Alteraciones en el lecho y márgenes de los paisajes fluviales.

- Afecciones a elementos singulares como árboles catalogados, árboles dispersos, árboles singulares, setos, ribazos (ezpuendas), muros, cercados, cierres, construcciones singulares, sendas naturales, caminos tradicionales, vías pecuarias, abrevaderos, fuentes y tomas de agua, patrimonio cultural y arqueológico.

Foto: J. Arbilla

MEDIDAS

Evitar el vertido de tierras y/o piedras en las laderas forestales y en las márgenes o cauces de regatas, barrancos y ríos.

Replanteo preciso de la superficie de obra y de sus infraestructuras auxiliares.

Replanteo de las zonas de acopio y de vertederos.

Delimitación de las superficies de tránsito de la maquinaria.

Protección de orlas arbustivas.

Limitar la anchura de ocupación de las zanjas.

Retirada de la tierra vegetal sin compactarla ni mezclarla con otros tipos de tierra con el objeto de reutilizarla en los trabajos de restauración paisajística.

Aprovechar la tierra que contiene el banco de semillas del suelo para restaurar el paisaje.

Los restos de corta de arbolado deberán ser retirados o triturados.

Evitar la corta de árboles singulares.

Trituración de restos forestales para su integración en el paisaje.

Medidas especiales en espacios protegidos de la Red Natura 2000 y de la Red de Espacios Naturales de Navarra (RENA).

Cruce de ríos mediante hinca.

Realización de pesca eléctrica en las zonas de afección al cauce del río.

Aplicación de la normativa de residuos (gestor de residuos) para evitar afecciones al paisaje.

Evitar afecciones a paisajes singulares (balsas, humedales, charcas, saladares, etc.).

Restauración de tierras para recuperar la topografía original.

Plantación y siembras en los taludes suaves..

Realización de siembras o hidrosiembras.

Utilización de especies adecuadas a cada zona biogeográfica y a cada tipo de paisaje.

Restauración de escolleras mediante su recubrimiento con tierra en los huecos de piedra y la utilización de especies adecuadas como estaquillas de sauces y especies trepadoras (hiedras).

Restauración de lechos fluviales y de su morfología y granulometría.

Adecuación de la maquinaria a las características técnicas y paisajísticas de la obra.

Adecuación de los acuerdos entre los taludes artificiales que se puedan generar como consecuencia de la ejecución de la obra y las zonas naturales.

Plantaciones compensatorias de restauración del paisaje en zonas contiguas a la del proyecto.

Utilización de caminos forestales existentes.

10 PAISAJE DE PLANTACIONES FORESTALES

CARACTERÍSTICAS

Paisaje constituido por plantaciones de árboles que pueden ser de hoja perenne o, en menor medida, frondosa. Una gran parte de las mismas, las constituidas por pinos y otras perennes, permanecen verdes durante todo el año mientras que las frondosas, como el roble americano, pierde la hoja durante el otoño. Este tipo de paisaje es más abundante en el tercio norte de Navarra.

VALIDACIÓN

	Alta	Media	Baja
Singularidad	●	●	●
Fragilidad			●
Naturalidad			●

VALORACIÓN: BAJA-MEDIA

IMPACTOS

Las obras requieren en general la realización de los siguientes trabajos con posibles afecciones en el paisaje:

- Movimientos de tierras para la preparación del terreno.

- Apertura de zanja.

- Zona de ocupación durante la ejecución de la obra.

- Movimiento de maquinaria con distintas afecciones según sus dimensiones.

- Creación de taludes de desmonte y terraplén con alturas y pendientes variables.

- Afección a zonas colindantes de la superficie de obras.

- Corta de especies arbustivas y cortas y desbroce de matorrales.

- Alteraciones en los horizontes del suelo.

- Afecciones a elementos singulares como árboles catalogados, árboles dispersos, árboles singulares, setos, ribazos (ezpuendas), muros, cercados, cierres, construcciones singulares, sendas naturales, caminos tradicionales, vías pecuarias, abrevaderos, fuentes y tomas de agua, patrimonio cultural y arqueológico.

Foto: J. Arbilla

Foto: J. Arbilla

MEDIDAS

Replanteo preciso de la superficie de obra y de sus infraestructuras auxiliares.

Replanteo de las zonas de acopio y de vertederos.

Delimitación de las superficies de tránsito de la maquinaria.

Limitar la anchura de ocupación de las zanjas.

Protección de áreas de mayor valor paisajístico.

Retirada de la tierra vegetal sin compactarla ni mezclarla con otros tipos de tierra con el objeto de reutilizarla en los trabajos de restauración paisajística.

Aprovechar la tierra que contiene el banco de semillas del suelo para restaurar el paisaje.

El apeo de los árboles se realizará de manera que no afecte al resto del arbolado.

La corta de arbolado y la poda de ramas se deberán realizar con herramientas adecuadas para que los cortes sean limpios y no queden ramas colgando.

Los restos de corta de arbolado deberán ser retirados, dejados en el monte en trozos de pequeño tamaño o triturados.

Evitar el vertido de tierras y/o piedras en las laderas forestales y en las márgenes o cauces de regatas, barrancos y ríos.

Aplicación de la normativa de residuos (gestor de residuos) para evitar afecciones al paisaje.

Evitar afecciones a paisajes singulares (balsas, humedales, charcas, saladares, etc.) que pueda haber en la plantación forestal.

Restauración de tierras para recuperar la topografía original.

Adecuación de la maquinaria a las características técnicas y paisajísticas de la obra.

Adecuación de los acuerdos entre los taludes artificiales que se puedan generar como consecuencia de la ejecución de la obra y las zonas naturales.

Creación de pequeñas superficies de interés paisajístico (balsas, charcas).

Utilización de caminos forestales existentes.

Utilización de trochas propias de las explotaciones forestales.

Medidas especiales en espacios protegidos de la Red Natura 2000 y de la Red de Espacios Naturales de Navarra (RENA).

11 PAISAJE DOMINADO POR BOSQUES NATURALES

CARACTERÍSTICAS

Paisaje constituido por diferentes tipos de bosques naturales, una parte de ellos de frondosas (diferentes tipos de robledales, hayedos, castañares, carrascales y encinares, quejigales, abedulares, etc.) y otros de coníferas (diferentes tipos de pinares naturales, abetales y tejedas). Los bosques de coníferas y los carrascales y encinares permanecen verdes todo el año mientras que los bosques de frondosas pierden sus hojas en otoño (excepto lo quejigales que permanecen secas sin caer). Los bosques ocupan principalmente una parte de la mitad centro y la casi totalidad del norte de Navarra. Se desarrollan sobre topografías muy variables, pero predominan las de fuerte pendiente.

VALIDACIÓN

	Alta	Media	Baja
Singularidad	●	●	●
Fragilidad	●	●	
Naturalidad	●	●	●

VALIDACION: ALTA

IMPACTOS

Las obras requieren en general la realización de los siguientes trabajos con posibles afecciones en el paisaje:

- Movimientos de tierras para la preparación del terreno.

- Apertura de zanja.

- Zona de ocupación durante la ejecución de la obra.

- Movimiento de maquinaria con distintas afecciones según sus dimensiones.

- Creación de taludes de desmonte y terraplén con alturas y pendientes variables.

- Corta de arbolado y de especies arbustivas.

- Afección a cultivos herbáceos y/o leñosos de secano o regadío contiguos al bosque.

- Afección a praderas de diente y/o siega contiguos al bosque.

- Alteraciones en los horizontes del suelo.

- Afecciones a elementos singulares como árboles catalogados, árboles singulares, orlas y setos contiguos al bosque, muros, cercados, cierres, roquedos, pedregales, canales, barrancos, puentes, construcciones singulares, sendas naturales, caminos tradicionales, vías pecuarias, abrevaderos, fuentes y tomas de agua, patrimonio cultural y arqueológico.

Foto: J. Arbilla

Foto: J. Arbilla

MEDIDAS

- Replanteo preciso de la superficie de obra y de sus infraestructuras auxiliares.

- Replanteo de las zonas de acopio y de vertederos.

- Delimitación de las superficies de tránsito de la maquinaria.

- Limitar la anchura de ocupación de las zanjas.

- Protección de orlas arbustivas y setos de mayor valor paisajístico contiguos al bosque o que existan en claros del mismo.

- Retirada de la tierra vegetal sin compactarla ni mezclarla con otros tipos de tierra con el objeto de reutilizarla en los trabajos de restauración paisajística.

- Aprovechar la tierra que contiene el banco de semillas del suelo para restaurar el paisaje.

- El apeo de los árboles se realizará de manera que no afecte al resto del arbolado.

- La corta de arbolado y la poda de ramas se deberán realizar con herramientas adecuadas para que los cortes sean limpios y no queden ramas colgando.

- Los restos de corta de arbolado deberán ser retirados, dejados en el monte en trozos de pequeño tamaño o triturados.

- Evitar la corta de árboles singulares.

- Trituración de restos forestales para su integración en el paisaje.

- Evitar el vertido de tierras y/o piedras en las laderas forestales y en las márgenes o cauces de regatas, barrancos y ríos.

- Aplicación de la normativa de residuos (gestor de residuos) para evitar afecciones al paisaje.

- Evitar afecciones a paisajes singulares (balsas, humedales, charcas, saladares, pequeñas turberas, etc.).

- Restauración de tierras para recuperar la topografía original.

- Utilización de especies adecuadas a cada zona biogeográfica.

- Realización de plantaciones arbóreas, arbustivas y/o de matorral.

- Realización de siembras o hidrosiembras.

- Adecuación de la maquinaria a las características técnicas y paisajísticas de la obra.

- Adecuación de los acuerdos entre los taludes artificiales que se puedan generar como consecuencia de la ejecución de la obra y las zonas naturales.

- Creación de pequeñas superficies de interés paisajístico (balsas, charcas).

- Plantaciones compensatorias de restauración del paisaje en zonas contiguas a la del proyecto.

- Utilización de caminos forestales ya existentes.

- Utilización de trochas propias de las explotaciones forestales.

- Medidas especiales en espacios protegidos de la Red Natura 2000 y de la Red de Espacios Naturales de Navarra (RENA).

BIBLIOGRAFÍA

BÁSCONES CARRETERO, J.C. y ERNETA ALTARRIBA, L. (2013). Navarra: implementación del paisaje en Navarra acorde con el CEP (Convenio Europeo de Paisaje). EuskalHiiria Kongresua 2013.

BUSQUETS, J. y CORTINA, A. (coord.) (2009). Gestión del Paisaje. Manual de protección, gestión y ordenación del paisaje. Ariel, Barcelona.

BUSQUETS FÁBREGAS, J. y MUÑOZ, F. (2010). Guia d'estudis d'impacte i integración paisatgística. Departament de Politica Territorial i Obres Públiques. Direcció General dArquitectura y Paisatge. Generalitat de Catalunya.

CLAVE ASISTENCIAS TÉCNICAS, S.L. (2018). Documento de paisaje. Plan de Ordenación Territorial Navarra atlántica (POT 2): Bortziriak. Gobierno de Navarra.

GHISLANZONI, M. (coord.) (2022). Criterios paisajísticos para las instalaciones agroganaderas en suelo rústico en Navarra. Guía de Integración Paisajística 04. Departamento de Ordenación del Territorio, Vivienda, Paisaje y Proyectos Estratégicos. Gobierno de Navarra

GÓMEZ OREA, D., GÓMEZ VILLARINO, A. y GÓMEZ VILLARINO, M.T. (2012). EL PAISAJE. Análisis, diagnóstico y metodología para insertarlo en la formulación de planes y proyectos. Publicado por Domingo Gómez Orea.

LOIDI, J. y BÁSCONES, J.C. (2006). Memoria del mapa de series de vegetación de Navarra. Departamento de Medio Ambiente, Ordenación de Territorio y Vivienda. Gobierno de Navarra.

MUÑOZ CRIADO, A. y DÍEZ N. (coord.) (2012). Guía metodológica: Estudios de Paisaje. Conselleria de Vivienda, Obras Públicas y Vertebración del Territorio. Generalitat Valenciana. Valencia.

PERALTA, J. et al. (2018). Manual de Hábitats de Navarra. Departamento de Desarrollo Rural, Medio Ambiente y Administración Local de Gobierno de Navarra y Gestión Ambiental de Navarra, S.A.

PLANES DE ORDENACIÓN TERRITORIAL (POT) (2011). POT 1: Pirineo, POT 2: Navarra Atlántica, POT 3: Area Central, POT 4: Zonas Medias y POT 5: Eje del Ebro. Anexos Temáticos: Patrimonio Natural PN 8. Criterios de autorización de determinados usos y actividades en suelo no urbanizable, Patrimonio Natural PN 9 Paisaje y Patrimonio Natural PN 3 Áreas de especial protección. Gobierno de Navarra.

SÁNCHEZ RAMOS, P. y LÓPEZ HERNÁNDEZ, R. (coord.) (2017). Documento de paisaje. Plan de Ordenación Territorial POT 4: piedemonte de Tafalla y Olite y Valle Medio del Arga. Gobierno de Navarra.

SÁNCHEZ RAMOS, P. y LÓPEZ HERNÁNDEZ, R. (coord.) (2018). Documento de paisaje. Plan de Ordenación Territorial Navarra atlántica (POT 2) a excepción de Bortziriak. Gobierno de Navarra.

SÁNCHEZ RAMOS, P. y LÓPEZ HERNÁNDEZ, R. (coord.) (2019a). Documento de paisaje. Plan de Ordenación Territorial Pirineo (POT 1). Gobierno de Navarra.

SÁNCHEZ RAMOS, P. y LÓPEZ HERNÁNDEZ, R. (coord.) (2019b). Documento de paisaje. Plan de Ordenación Territorial Eje del Ebro (POT 5) y Bardenas Reales. Gobierno de Navarra.

SÁNCHEZ RAMOS, P. y LÓPEZ HERNÁNDEZ, R. (coord.) (2022). Documento de paisaje. Plan de Ordenación Territorial Área Central (POT 3). Gobierno de Navarra.

SOLER, E. (coord.) (2017). Documentos de paisaje. Plan de Ordenación Territorial POT 4: Navarra Media Oriental y Navarra Media Occidental. Gobierno de Navarra.

TECNALIA (2016). Guía para la elaboración de Estudios de Integración Paisajística en la Comunidad Autónoma del País Vasco. Departamento de Medio Ambiente, Ordenación Territorial y Vivienda. Gobierno Vasco.